Wolfgang Saßmannshausen

ERZIEHUNG IST BEGEGNUNG

Wolfgang Saßmannshausen

ERZIEHUNG IST BEGEGNUNG

Menschen zwischen Werden und Sein

Herausgegeben von der Vereinigung
der Waldorfkindergärten

INFO3 VERLAG

Gewidmet meinem Kollegen, Lehrer und Freund
Johannes W. Schneider

Bibliographische Information der Deutschen Nationalbibliothek
Die Deutsche Nationalbibliothek verzeichnet diese Publikation in der Deutschen Nationalbibliographie; detaillierte bibliographische Daten sind im Internet über http://dnb.ddb.de abrufbar.

ISBN 978-3-95779-099-6

Zweite Auflage 2020

Typographie und Satz: Ulrich Schmid, de·te·pe, Aalen
Umschlag: Frank Schubert, Frankfurt am Main
Druck und Bindung: Dilling Printmedien, Kreuztal

INHALT

Im Grunde
sind es immer
die Verbindungen
mit Menschen,
die dem Leben
seinen Wert
geben.

Wilhelm von Humboldt

1. BILDUNG

Vor jedem steht ein Bild des,
was er werden soll.
Solang er dies nicht ist,
ist nicht sein Friede voll.
Friedrich Rückert

Man stelle sich folgendes Szenarium vor:

... auch wenn er sich sichtlich wohl und befreit fühlte, war ihm die Welt, in die und in der er aufwachte, nicht gänzlich vertraut. Neben dem Gefühl, zu Hause angekommen zu sein, den alten Ballast endgültig abgeworfen zu haben, blieb eine gewisse Unsicherheit über seine neue Umgebung. Dass er jetzt hier sein wollte, stand außerhalb jeder Diskussion; das Erlebnis der vorher nicht erlebten angenehmen Wärme und des wie Liebe ihn umhüllenden Lichtes vermittelte ihm die Empfindung der selbstverständlich richtigen Umgebung. Das, was er sonst beim Eintritt in ungewohnte Momente getan hätte, kam überhaupt nicht als Bedürfnis auf, weder der wie automatisch ablaufende Griff zu der Zigarette noch das Überprüfen, ob das Jackett und die Krawatte richtig saßen. Ja, die Tatsache, dass er zuvor Raucher gewesen war und schon aufgrund seiner Position immer wieder auf die exakt sitzende Passform seiner Kleidung achtete, war wie ausgelöscht. Das Gefühl, eine wichtige Position im Leben eingenommen zu haben, in seiner Firma unentbehrlich zu sein, wegen seiner großartigen Leistungen von allen verehrt zu sein, war verschwunden. Stattdessen kam eine völlig andere Empfindung auf. Alles, was er in den vergangenen Jahren gedacht, erlebt, getan hatte, reduzierte sich auf ein Minimum, das wie ein Aschehaufen den sichtbaren Rest eines großen Holzstoßes bildete.

Und immer stand dieser kleine Haufen in enger Beziehung zu einem Bild, das sich jetzt deutlicher herausbildete. Es schien ihm, als kenne er dieses Bild sehr lange. Bald war es ihm Gewissheit, dass er dieses Bild beim Eintritt in sein Leben gesehen, ja sogar geschaffen hatte. Manchmal war es ihm im Leben so ergangen, dass er ein leises Gefühl dieses Bildes in sich trug. Wenn er ihm näherkam, hatte es sich so ausgedrückt, dass er in innerer Harmonie und Freude auf die anstehenden Lebensschritte und Aufgaben seine Zeit gestalten konnte; wenn er ihm weit entfernt gewesen war, hatte er es in einer leicht depressiven Stimmung dem Leben gegenüber erlebt. Nun stand es wieder wie ein unerbittliches Mal vor ihm, nur diesmal in enger Beziehung zu dem reduzierten Haufen.

Das also war die Frucht all der vielen Jahre und der harten Bemühungen. Dem jetzigen Blick bot sich ein völlig anderes Bild als das, das er gewohnt zu schauen war.

Nehmen wir das Leben als ein Ganzes und betreiben wir Evaluation aus der lebensrückblickenden Perspektive, fallen die Bewertungen anders aus, als wenn wir sie im laufenden Leben kurzschlüssig vornehmen. Nur das, was wirklich menschliche Entwicklung ausmacht, hat Bestand. Alles andere erweist sich als unwirklich, als unbedeutende Spielart eines kurzfristigen Blickes. Das Leben ist ausgerichtet auf Erfüllung. Erfüllung aber ist ohne Erwartung nicht zu denken. Erwartung steht am Anfang, sie ist jederzeit präsent und bildet den ständigen Untergrund all unseres Tun und Lassens. Sie ist der unbestechliche Wächter und Maßstab eines jeden Menschen. Der modern gebildete Mensch sieht sein Leben im Lichte seiner Erwartung: „Jeder individuelle Mensch, kann man sagen, trägt, der Anlage und Bestimmung nach, einen reinen idealischen Menschen in sich, mit dessen unveränderlicher Einheit in allen seinen Abwechselungen übereinzustimmen die große Aufgabe seines Daseins ist." Dieser fundamentale Satz Friedrich Schillers aus seiner Schrift *Über die ästhetische Erziehung des Menschen in einer Reihe von Briefen* (1879) ist der vielleicht prägnanteste Grundbegriff moderner Bildung. Bildung in diesem Sinne ist der nachhaltigste Prozess des irdisch-menschlichen Daseins. Seine Zielperspektive ist ewig, zumindest zunächst lebenslang. Nur der, der im persönlichen Zwischenresümee Übereinstimmung mit seinem idealischen Menschen erlebt, kann sich gebildet nennen. Sie gilt es immer wieder neu zu erringen. Bildung ist somit ein lebenslanger Prozess, der in jedem Moment scheitern kann, der aber auch in jedem Moment neu ergriffen werden kann. Der Antrieb zu dieser Bildung ist die Conditio sine qua non des Menschseins. Erziehung ist die Begleitung des Kindes für eine begrenzte Zeit, die diese Bildungsmöglichkeit schützt und pflegt.

2. ERZIEHUNG IST BEGEGNUNG

Der Mensch lernt
das Menschsein
nur am Menschen.
Novalis

Stellen wir uns folgende Situation vor: Ständig stößt ein Vater sein kleines Kind zurück. Täglich erlebt das Kind viele Verletzungen. Schroffe Weisungen wie „Störe nicht!“, „Lass mich in Ruhe“, „Gehe sofort aus dem Zimmer“, „Du kannst ja dieses und jenes nicht“, „Du bist nervend!“ und andere mehr erfährt das Kind täglich. Man möge sich vorstellen, der hier beschriebene fiktive Vater würde auch nur eine kurze Zeit so mit seinem Arbeitskollegen kommunizieren. Wie selbstverständlich würde dieser sich von dem Mann abwenden und den Kontakt vermeiden oder aber ihm entsprechend aggressiv antworten. Freudig erwartungsvoll jedenfalls würde er ihm in zukünftigen Situationen nicht begegnen.

Ganz anders das kleine Kind. Auch wenn es noch so oft diese verletzende Ablehnung und Zurückweisung erfahren hat, ist es im nächsten Augenblick wieder völlig offen für die neue Begegnung, in selbstverständlicher Erwartung eines gänzlich anderen Verhaltens des Vaters. *Ob* der Vater eine andere Haltung dem Kind gegenüber und damit auch sich selbst gegenüber entwickelt, entscheidet er allein – nicht intellektuell theoretisch, sondern willentlich praktisch. *Dass* er grundsätzlich die Möglichkeit dazu hat, realisiert das Kind – wiederum nicht intellektuell theoretisch, sondern willentlich praktisch.

Hier spricht sich die Art und Weise aus, wie das kleine Kind grundsätzlich der Welt, insbesondere den ihm verbundenen Menschen begegnet. Es schaut nicht auf seine Erfahrungen und leitet daraus Handlungsmotive für die Zukunft ab – so wie es ältere Kinder oder Erwachsene tun. Selbstverständlich spielen die Erfahrungen kleiner Kinder eine bedeutende Rolle für ihr Leben. Darauf soll später ausführlich eingegangen werden.

Jeder individuelle Mensch, kann man sagen, trägt, der Anlage und Bestimmung nach, einen reinen idealischen Menschen in sich, mit dessen unveränderlicher Einheit in allen seinen Abwechselungen übereinzustimmen die große Aufgabe seines Daseins ist.
Friedrich Schiller

Für den aktuellen Handlungsansatz ist im Wesentlichen etwas anderes wichtig. Das Kind hat von dem Erwachsenen, mit dem es zu tun hat, letztendlich immer ein idealtypisches Bild. Der oben genannte Schiller'sche „idealische Mensch" ist das Bild des Menschen, dem das Kind in der erzieherischen Beziehung begegnet. So wie der Mensch sein könnte, wenn er es denn sein wollte, so sieht das Kind den Erwachsenen. Es spricht also immer einen noch nicht sinnlich präsenten Teil unserer Persönlichkeit an. Diese Qualität des

Menschen ist aber vorhanden – als Möglichkeit oder als Keim. Wenn sie noch nicht sinnlich präsent ist, ist sie über-sinnlicher Natur; sie ist Ausdruck unseres geistigen Wesens. Sie ist stets in statu nascendi, also so, dass sie als Möglichkeit vorhanden ist und in Erscheinung treten kann – oder aber auch nicht. Anders formuliert heißt das, dass kleine Kinder nicht den Blick auf die in der Erfahrung sich abbildende Vergangenheit richten, sondern auf die potenzielle Zukunft.

Man möge sich für einen Moment die menschliche Dimension dieser Haltung vergegenwärtigen. Wenn es dem Erwachsenen gelänge – zum Beispiel in Konfliktsituationen – nicht an dem zu hängen, was der andere in der Vergangenheit falsch gemacht oder ihm an Verletzungen zugefügt hat, sondern stattdessen im Mittelpunkt seines Bewusstseins die Möglichkeit sähe, dass der andere sich positiv entwickeln kann, wären die meisten unserer alltäglichen Konfliktsituationen unbedeutend für das praktische Zusammenleben und andererseits vielmehr Schauplätze unserer hohen menschlichen Beziehungsfähigkeit und -qualität. Wenn wir eine solche Fähigkeit soziale Kompetenz nennen, wird deutlich, dass das kleine Kind sozial hochkompetent ist. Erzieherische Ansätze, die im Mittelpunkt des pädagogischen Wirkens „Kompetenzvermittlung" sehen, berücksichtigen diese im Kind vorhandene Kompetenz viel zu wenig.

Eine wesentliche Frage zum Verständnis des Kindes ist nun, wo diese Kompetenz herrührt. Unzweifelhaft ist sie nicht genetisch veranlagt. Denn wenn sie es wäre,

wäre es völlig unverständlich, dass der Mensch sie im Laufe der Kindheit verliert.

Sie kann auch nicht das Ergebnis eines milieuorientierten Erziehens sein, also durch Konditionierungsprozesse – welcher Art auch immer – entstanden. Denn die bildende Umgebung des Kindes zeigt in der Regel völlig andere Haltungen gemessen an der kindlichen Kompetenz. Und dann wäre sie nicht allen Kindern zuteil, sondern nur denen, die den entsprechenden erzieherischen Einfluss erfahren hätten.

Diese Grundhaltung des Kindes ist keine körperlich veranlagte oder seelisch erworbene, sondern eine geistige Haltung, die das Kind mit in das Leben trägt. Sie wird nur verständlich, wenn wir berücksichtigen, dass die Individualität des Kindes vor der Konzeption und Geburt existiert hat und Kommunikationsformen aus diesem Zustand in das irdische Leben trägt. Naiv beschrieben kann man diese Art der Begegnung „himmlisch" nennen.

Die sich in dieser Haltung ausdrückende seelische Gebärde ist die eines grenzenlosen Vertrauens in die erlebte Welt, insbesondere in die das Kind umgebenden Menschen. Selbst Menschen, die dem Kind Schaden zufügen und ihm nicht wohlgesonnen sind, werden in den ersten Lebensjahren mit diesem unendlichen Vertrauen beschenkt und stets in ihrer großen Entwicklungsmöglichkeit gesehen. Der erste Zugriff auf das Leben ist also immer ein uneingeschränkt positiver. Der häufig und durchaus heute auch ironisch angewandte Satz „Alles wird gut" gilt selbstverständlich für das kleine Kind – vielleicht erweitert um den Zusatz: „… weil alles die Möglichkeit des Guten in sich trägt". In diesem Sinne ist das Grundbewusstsein des Kindes, dass Mensch und Welt gut sind. Bernhard Eybs Bilder *Vertrauen* und *Mut* illustrieren dieses Welterleben eindrücklich (s. S. 50 f.).

Mit dieser kindlichen Grundstimmung begegnet uns Erwachsenen eine Erwartungshaltung, die konzeptionsleitend das erzieherisch-bildende Geschehen bestimmen kann. Das kleine Kind erwartet nicht den kritischen Diskurs als Grundlage seines Sozialisations- und Individuationsprozesses, sondern die Begegnung mit einer Welt, die faktisch der Ort ist, in dem „Dinge in Ordnung gebracht werden". Damit ist nicht die „heile Welt" gemeint, die nur in einem weltabgewandten Bewusstsein entstehen kann und mit der Lebenswirklichkeit nichts zu tun hat. Sie dem Kind vermitteln zu wollen, hieße das Kind zu belügen. Nichts ist vollkommen und häufig genug sind die persönlichen – menschlichen, sozialen und materiellen – Verhältnisse alles andere als „heil". Das erlebt selbstverständlich jedes Kind. Gemeint ist vielmehr das ehrliche und stete Bemühen der verantwortlichen Erwachsenen, die Lebensverhältnisse, für die sie mitverantwortlich sind, in Ordnung bringen zu wollen. Im Gegensatz zur Illusion der „heilen Welt" ist dies ein „Heilimpuls". Diesen Heilimpuls erwarten kleine Kinder selbstverständlich von ihren Eltern und Erziehern.

Kleine Kinder können Erwachsene völlig unwillkürlich hervorragend motivieren, das, was zu ihnen gehört, in Ordnung zu bringen, zu korrigieren. Im Gegensatz zu Menschen anderer Lebensalter ist die Erwartung dieser Entwicklung gegenüber beim kleinen Kind ohne jegliche Forderung. Sie bleibt stets freilassend und appelliert ausnahmslos an die jeweils eigene Intention des Erwachsenen, etwas verändern zu wollen.

Kinder begegnen uns, wie wir sind, und sprechen uns gleichzeitig zu, der werden zu können, der wir sein wollen, wenn wir bereit sind, den Keim, den idealischen Menschen in uns zu aktivieren. Diese Haltung des Kindes zeugt von größter Risikobereitschaft dem Leben gegenüber. Das Kind schützt sich in keiner Weise und lässt sich gänzlich auf das ein, was ihm jeweilig begegnet. Es lebt kompromisslos in der jeweiligen Gegenwart – wie kein Mensch in späteren Lebensphasen es jemals wieder tun wird. Da es gleichzeitig Bezug zu dem hat, was als Möglichkeit, als Zukunftsoption im Erwachsenen ihm begegnet, können wir auch von steter „Geistes-Gegenwart" sprechen. Im verantwortlichen Bezug zur eigenen gegenwärtigen Lebensrealität sind alle kleinen Kinder Vorbilder für jeden Erwachsenen.

Identität

Dass kleine Kinder stets im genannten Sinne „geistes-gegenwärtig" sind, belegen viele Entwicklungsbeispiele. Nehmen wir den Spracherwerb des Kindes.

Zum einen ist das Kind von Anfang an der erlebten Muttersprache gegenüber so offen, kritiklos hingegeben, dass es, lange bevor es eine sprachliche Aussage versteht oder gar sprachlich reproduzieren kann, im völlig unbewussten Mitvollzug der erlebten Sprache seine eigenen Sprechwerkzeuge des Kehlkopfes und Mund- und Rachenraumes ausformt. Die erlebte Sprache wird nach innen als ein physisch Leib- und Organe Gestaltendes aufgenommen. Die Wirkung dieses letztlich ungeheuren Ereignisses lässt sich im Erwachsenenalter gut nacherleben, wenn man versucht, eine Fremdsprache mit ihren eigenen Lautqualitäten zu erlernen. Bestimmte Laute, die nicht dem Lautsystem der eigenen Sprache entstammen, können gegebenenfalls nicht mehr erworben werden, nicht, weil keine Sprachbegabung vorliegt, sondern weil die in der frühen Kindheit geschaffenen Formen der Sprechwerkzeuge diesen fremden Lauten nicht entsprechen. Diese Seite des Spracherwerbs zeigt eben, wie das Kind zunächst rückhaltlos der erlebten Sprache hingegeben ist, dass es sie bis in die Gestaltung der eigenen physischen Formen aufnimmt.

Die andere Seite des Spracherwerbs, welche die geistesgegenwärtige Fähigkeit des Kindes offenbart, drückt sich beispielsweise so aus: Ein Kind, das immer eine wohlgeformte und formal korrekte Sprache erlebt, erzählt den Eltern, dass es mit der Großmutter beim Besuch spazieren *gehte*. Nie hat das Kind diese falsche Form gehört, immer haben alle die entsprechenden Konjugationsformen korrekt gebildet. Solche „Fehler" machen Kinder in allen Sprachen, der jeweiligen Sprache entsprechend. So zeigt sich die Genialität eines jeden kleinen Kindes. Die Form „gehte" entspricht dem Wesen, dem Prinzip der deutschen Sprache, dem deutschen Sprachgeist, auch wenn sie natürlich grammatikalisch zunächst falsch ist, da in diesem Fall das Verb in der Vergangenheit eine eigene Stammform und somit eine Ausnahme von der allgemeinen Regel bildet. Das Kind, das solche „Fehler" macht, offenbart damit, dass es Sprache nicht als Summe gehörter Worte aufnimmt, speichert und abruft, sondern neu schöpft. Die Quelle, aus der es schöpft, ist das Wesen der Sprache, die geistige Seite der Sprache. Diese nimmt das Kind mit dem akustischen Hören der Sprache in der Begegnung auf. Damit offenbart das Kind, dass es andere Wahrnehmungsqualitäten als Kinder im Schulalter oder gar Erwachsene besitzt. Mit der äußeren sinnlichen Wahrnehmung nimmt das Kind *gleichzeitig* das innere Wesen, das in der Sinneserscheinung waltet, auf. Knapp und präzise beschreibt Rudolf Steiner in der Psychologie der Waldorfpädagogik dieses Phänomen so: „In dem ersten Lebensalter [...] ist das Kind in einem mehr als sinnbildlichen Sinne ganz Sinnesorgan." (Steiner, *Die Erziehung des kleinen Kindes*)

Weiterer Beleg für dieses Phänomen sind besonders die genialen Wortschöpfungen der Kinder. Zwei Beispiele fünfjähriger Kinder mögen dies verdeutlichen: Draußen hört es auf zu schneien. Das Kind fragt die Mutter: „Hat der liebe Gott keinen *Schneid* mehr?" Oder das Folgende: Ein Kind erzählt der Erzieherin im Kindergarten: „Gestern *kommte* die Tante, anschließend noch der *Tanter.*"

Dieses alle Kinder dieser Welt betreffende Beispiel des Spracherwerbs verdeutlicht etwas, was stets für das Kind gilt. Es ist immer mit dem gerade aktuellen Wesen, das sinnlich in Erscheinung tritt, verbunden. Gleichzeitig ist es total hingegeben und offen – bis in die Gestaltung seiner Leibesformen – demjenigen gegenüber, der und was ihm begegnet. Es ist eins mit dem Gegenüber. Wir nennen gewöhnlich diese Fähigkeit, die Kinder ständig leben und in Perfektion beherrschen, Identität.

Damit verkörpert jedes Kind etwas von dem, nach dem sich jede moderne Erwachsenenseele sehnt, nämlich im eigenen Lebensvollzug identisch darinnen zu stehen. Ja, es ist eine Conditio sine qua non, eine nicht ersetzbare Bedingung, dass der Erwachsene nur dann Erfüllung seines Lebens findet, wenn er in seinem Lebensgefühl den Eindruck der Identität erlebt. Auch wenn es nicht möglich ist, Identität konkret für das eigene Leben intellektuell zu definieren, so ist aber doch das Lebensgefühl letztlich unbestechlicher Zeuge des Gelingens oder Misslingens dieses Identitätsprozesses. Das subjektiv erlebte Identitätsgefühl ist der Maßstab für Freude oder Leid am konkreten Lebensvollzug. War Identität früher allgemein viel stärker durch übergreifende Moral- oder Glaubenswerte bestimmt, die dem Leben Richtung gaben und das Lebensgefühl prägten, so ist Identität heute nur durch individuelle Gestaltung möglich. Insofern ist die Höhe der individuell erreichten Identität das Maß für das Gelingen des Lebens.

In dem ersten Lebensalter […] ist das Kind in einem mehr als sinnbildlichen Sinne ganz Sinnesorgan.
Rudolf Steiner

Will der Erwachsene studieren, quasi archetypisch, idealtypisch, wie ein Leben in voller Identität aussieht, kann er sich die kleinen Kinder zum Vorbild nehmen. Sie sind die besten Lehrmeister, allzumal dann, wenn die „Zöglinge“ frei und selbst entscheiden dürfen, was sie in welcher Zeit lernen wollen. Die alte Volksweisheit, dass der Erwachsene durch die Begegnung mit dem kleinen Kind noch einmal in den Himmel schaut, kann im modernen Sinne ergänzt werden um: weil ihm im Kind sein eigenes Urbild entgegenkommt. Das wofür der Erwachsene mit dem eigenen Leben angetreten ist – individuelle Identität zu finden und zu werden, die im vollen Einklang mit seinem Schicksal steht –, erlebt er über-individuell, allgemein-menschlich, urbildhaft im kleinen Kinde.

Freiheit

Die Äußerungsform des Kindes ist das freie Spiel, das Spiel, das im Inhalt und in der Form nicht vorgegeben ist, sondern ausschließlich in und aus dem Kinde selbst entsteht.

Da ist zum Beispiel das dreijährige Kind, das auf der Familienfeier inmitten aller Gäste mit der Serviette spielt. Diese wird zunächst nur bewegt, nach einiger Zeit nimmt sie die Form einer Gestalt an, mit der das Kind kurz spielt, um dann genauso schnell alles wieder aufzulösen und gegebenenfalls aus der Serviette etwas völlig anderes entstehen zu lassen. Idealtypisch skizziert, setzt das Kind im Alter von drei, vier Jahren ständig seine es umgebende Welt neu in Wert. Das Spiel hat steten Gegenwartscharakter und wird noch nicht thematisch und inhaltlich in die Zukunft getragen. Tendenziell sind Ansatzpunkt und Ausführung des Spiels in jedem Moment gleich. Die dem Spiel zugehörige Motivlage steht in enger Beziehung zur operativen Ausführung, und jeder Moment der Ausführung ist durch die ihm eigene Anregung motiviert.

In seinen *Briefen zur ästhetischen Erziehung* beschreibt Friedrich Schiller als höchsten Zustand des gebildeten Menschen den des Spielens: „[…] der Mensch spielt nur, wo er in voller Bedeutung des Worts Mensch ist, und er ist nur da ganz Mensch, wo er spielt." (Vgl. Schiller 2004) Spiel ist für Schiller die Artikulation der Freiheit. Für Schiller wird der Spieltrieb im Menschen wirksam, wenn zwei andere Triebe in ihrer Wirkung vom Menschen beherrscht werden. Schiller nennt sie Stoff- und Formtrieb. Der Stofftrieb beschreibt die sinnliche Nötigung des Menschen. Dies bezieht sich zum einen auf die leibgebundene Triebnatur des Menschen, zum Beispiel den Sexualtrieb. Zum anderen aber auf die Nötigung der inneren Begriffsbildung aufgrund der sinnlichen Wahrnehmung, die aus der Erfahrung abgeleitet wird. So begegnet der Mensch einem anderen ihm bekannten Menschen, und sogleich kommt wie ein Vorurteil aus der Vergangenheit ein ganzer Komplex von Empfindungen und Einschätzungen ins Bewusstsein.

Unter Formtrieb versteht Schiller die Nötigung aus der ideellen Welt. Vorgegebene Moralwerte, Spielregeln des Umgangs werden ungeprüft und damit unkritisch der neuen Situation auferlegt. Auch hier ragt ein aus der Vergangenheit herrührendes Kriterium in die jeweilige Gegenwart und bestimmt sie.

Der Spieltrieb ist dann wirksam, wenn sich der Mensch den beiden Nötigungen widersetzt und nicht von ihnen bestimmt wird. Er ist damit Ausdruck der Freiheit des Menschen. Anders formuliert bedeutet dies, dass der Mensch selbst die Motive seines Handelns schafft, ohne irgendwelchen Nötigungen von außen zu folgen, und gleichzeitig in der Handlung seiner Motivation treu bleibt und sie umsetzt. Etwas freier formuliert: Der Mensch tut, was er will, will aber auch, was er tut. Johann Wolfgang von Goethe beschrieb diesen Zustand so, dass der Mensch das, was er tut, liebt. Diese Qualität kann nur entstehen, wenn nicht aus Erfahrung, sondern aus der passenden Intuition für den jeweiligen Moment heraus die Handlung erfolgt (vgl. Steiner, *Die Philosophie der Freiheit*).

Das Kind zeigt, dass es ganz aus dem Spieltrieb im Sinne Schillers heraus sein freies Spiel gestaltet. Die Serviette ist das, was das Kind im Moment aus ihr macht. Keine aus der Vergangenheit herrührende Vorstellung des Gegenstandes bestimmt seine Handhabung, sondern die im Moment gültige Motivierung. Gleichermaßen unterwirft sich das Kind keinen Regeln, die sein Spiel bestimmen müssen. Es bestimmt diese im Moment und immer wieder neu. Im Sinne

Friedrich Schillers zeigt das kleine Kind, dass es in höchster Form in sich das Motiv der Freiheit trägt.

Kinder können dann ungestört in die Welt des freien Spiels eintreten, wenn sie in ihrer Umgebung Erwachsene erleben, die auf ihre Art Freiheit repräsentieren. Die Freiheit des Erwachsenen zeigt sich in der Bemeisterung des aktuellen praktischen Lebens. Erkennt er die jeweilige Lebenssituation so, dass er in ihr kulturschaffend tätig ist und menschliche Lebensqualität kreiert? Schafft er angemessen die Wohlbefinden erzeugende Ordnung in Raum und Zeit, verrichtet er angemessen Reparaturen von defekten Gegenständen oder die Zubereitung von Mahlzeiten? Geht er mit den Menschen in seiner Umgebung so um, dass sie ihrer Würde gemäß angesprochen und behandelt werden? Stehen die Handlungen des Tages in einem folgerichtigen Zusammenhang, sodass Führung und Gestaltung des Lebens als Fähigkeit ersichtlich werden? Verarbeitet er unerwartete seelische Beeindruckung so, dass er den jeweiligen Ereignissen Sinn zusprechen kann? Freiheit ist kein philosophisches Problem, sondern eine ethisch-moralische Angelegenheit, eine in ihrer Realität erlebbare Qualität, die vom Kind sinnlich erfahren wird und Grundlage seiner eigenen und völlig anders gearteten Freiheitsäußerung ist. Erziehung zur Freiheit kann nur erfolgen, wenn der Erwachsene sich in Freiheit erleben und zeigen kann.

> *… der Mensch spielt nur, wo er in voller Bedeutung des Worts Mensch ist, und er ist nur da ganz Mensch, wo er spielt.*
> Friedrich Schiller

Die logische Konsequenz dieses Gedankens ist, dass Erziehung niemals „Programm" sein kann, das – wenn auch noch so idealtypisch ausgedacht – „das Richtige" an das Kind heranträgt. Sie kann auf dem Boden des Verständnisses des kindlichen Wollens nur in der Liebe zum eigenen Handeln in der jeweils konkreten Lebenssituation erfolgen.

Moral und Verbindlichkeit

Das Spiel des Kindes entwickelt und verändert sich. So können wir beispielsweise im freien Spiel der fünf- und sechsjährigen Kinder beobachten, wie in das Geschehen der Faktor der Dauer kommt. Ein Thema, ein Spielinhalt wird über lange Zeit durchgetragen und phantasievoll weiterentwickelt, aber immer dem Thema treu bleibend. Zum Beispiel spielen die großen Kinder in einem Kindergarten nun über 80 bis 90 Minuten Zirkus. Während des Spiels werden Einzelheiten entdeckt und in das Spiel integriert. Gerade in der Nähe stehende kleinere Kinder werden für einen Moment vielleicht als Seehundbaby einbezogen, bis diese sich wieder zurückziehen. Die Erzieherin wird eingebunden, um einen Frack für den Zirkusdirektor bereitzustellen.

Entwicklungspsychologisch verallgemeinert zeigt das Kind nun eine harmonische Beziehung von Vorstellung und Wille. Die im Thema, im Spielgegenstand gegebene Vorstellung wird treu vom Handlungswillen über einen längeren Zeitraum durchgetragen. Vorstellung und Wille bilden eine Einheit, in deren Mitte die emotionale Begeisterung für das eigene Tun liegt. Die seelischen Aktivitäten von „Kopf, Herz und Hand" sind harmonisch miteinander verbunden. So gehört in diesen Kontext beispielsweise auch die Situation, dass das Kind am Abend zur Mutter sagt, sie möge das Bauwerk auf dem Teppich im Kinderzimmer nicht wegräumen, da es morgen hier weiterspielen wolle. Diese Qualität wird aber auch direkt als „Maßstab" an den erziehenden Erwachsenen gelegt. Der Vater ruft dem Kind hinterher, als es das Wohnzimmer verlässt: „Mach bitte die Tür wieder zu!" Den Raum verlassend schaut das Kind noch einmal zum Vater, der hinter seiner Zeitung versunken ist, und verlässt den Raum, ohne die Tür zu schließen. Es prüft, ob der Vater das, was er sich vorstellt, auch wirklich von seinem Willen getragen ist, ob er es wirklich ernst meint. So werden die Erwachsenen von Kindern dieser Altersstufe häufig auf die Probe gestellt, um genau das, was sie selbst bewegt, nämlich diese Brücke zwischen Vorstellung und Wille, bei jenen zu erleben.

Werfen wir einen Blick auf die moderne Erwachsenen-Kultur, können wir konstatieren, dass gerade diese Einheit von „Kopf, Herz und Hand" die Gegenwart nicht kennzeichnet. Ganz im Gegenteil: So lebt beispielsweise in der Forschung in Medizin, Biologie und Genetik stark die Haltung, sich damit zu rechtfertigen, „nur" zu forschen und das zu Zwecken der Erkenntnis; handlungsorientierte Entscheidungen im Umgang mit den Resultaten werden der Politik überlassen, sodass das Forschen selbst keine ethischen Grenzen zu beachten braucht. Die seelische Qualität des „Kopfes“ trennt sich von „Herz“ und „Hand“.

Auf der anderen Seite zeigt zum Beispiel die Signatur moderner Gewalt, dass aggressive Handlungen zunehmend um der Handlung willen erfolgen, also keine verstehbaren oder nachvollziehbaren Motive kennen. Als Beispiel möge die Aussage eines 17-jährigen Mörders dienen, der auf die Frage des Jugendrichters, warum er die Tat begangen habe, antwortet: „Ich hatte eben Bock, ‘ne Alte platt zu machen“.

Ähnlich dissoziiert sind viele Arbeitsprozesse in der industriellen Produktion, die Handlungsabläufe in viele Einzelschritte zerlegt. Der Sinn des einzelnen Handgriffs, den beispielsweise Menschen am Fließband täglich hundertfach leisten, bleibt dem Handelnden verborgen; der Handlungszugriff ist oft ohne den sinnstiftenden Zusammenhang angelegt.

Gleichermaßen erscheint das Gefühlsleben vielfältig isoliert. Der quantitative „Erfolg“ der elektronischen Medienwelt ist auch darin begründet, dass durch Knopfdruck oder Fernbedienungsbewegung für einen bestimmten Zeitraum zum Beispiel tief Rührendes übermittelt wird, das sogar zu Tränen führt, nach Beendigung des Konsums aber überhaupt keine Relevanz hinsichtlich der Haltung oder der Einstellung des Konsumenten dem Leben gegenüber besitzt; so bleiben oft nur aus dem Leben herausgetrennte Momente der emotionalen Aktivität ohne Bezug zum Verständnis der Welt oder zur Anregung von Handlungsschritten.

Die moderne Seele befindet sich im Gegensatz zur Seelenkonfiguration der Menschen früherer Generationen immer mehr in dem Zustand, dass ihre drei Ebenen, die kognitiv-vorstellende und denkende, die emotional-fühlende sowie die handlungsorientiert-intentionale und willentliche, auseinanderzufallen drohen. Waren früher allgemeingültige moralische Werte Garanten dafür, dass der Einzelne diese wie ein Band der Einheit um seine Seele erlebt hat, verschwindet dieses Band immer mehr und muss durch Aktivität des Ich von innen als „Halt der Seele“ ersetzt werden. In diesem Sinne sind Moral und Verbindlichkeit Angelegenheit der individuellen Persönlichkeit. Wie dieses Bild der seelischen Einheit, der Moral und Verbindlichkeit aussieht, zeigen uns kleine Kinder in der beschriebenen Weise.

Nachhaltigkeit: Die Bedeutung für das weitere Leben

Was macht das Kind mit seinen Erfahrungen?

Die bisherigen Ausführungen zeigen, dass das Kind höchste Kompetenzen des Menschseins mit in das Leben trägt. Das Kind hat sie sich nicht erworben und ist sich ihrer nicht bewusst. Sie sind die Grundlage, dass das Kind sich bilden und in den Prozess der Individuation eintreten kann. Sie sind Ausgangspunkt und Zielpunkt gleichermaßen. Der Ausgangspunkt ist urbildhaft, allgemeinmenschlich, die Zielsetzung ist die Individualisierung dieser urmenschlichen Basisqualitäten. Kind und Erwachsener sind zutiefst miteinander verbunden, wenn sie sich in dieser urmenschlichen Qualität begegnen. Der souveränere Partner ist – unbewusst – das Kind, weil es wie selbstverständlich die beschriebene Zielsetzung dem erwachsenen Partner zuschreibt. Es antizipiert ständig die in der Zukunft liegende Option der Entwicklung des Erwachsenen. Wie ernst für das Kind jede menschliche Begegnung ist, zeigt eben die am Spracherwerb beschriebene Tatsache, dass das Kind jegliche Erfahrung tief verinnerlicht und sich einverleibt. Die Verarbeitung der Erfahrung ist keine seelische Angelegenheit wie in späteren Lebensjahren, sondern drückt sich in physischen und physiologischen Formbildungen aus. Der Begriff der Inkarnation beschreibt den Vorgang plastisch, meint er doch das „Hineinsteigen ins Fleisch". In das Fleisch steigt die nicht-sinnliche Seite des Menschen, sein seelisch-geistiges Wesen, das sich in der physischen Leiblichkeit irdisch beheimatet. Idealiter ist der physische Leib der Ausdruck des Ich, der Individualität, also derjenige, in den sich die individuelle Persönlichkeit hineinprägt. Das, was jeden Tag mit dem Aufwachen geschieht, wenn Bewusstsein und Selbstbewusstsein den sinnlichen Grund des irdischen Daseins wieder betreten, um sich darin als gewöhnliches Wachbewusstsein und Vorstellungsvermögen zu spiegeln, der Mensch somit „bei Besinnung" ist, erfolgt in viel größerer Dimension mit der Geburt und den ersten Lebensjahren: Der Mensch bereitet sich das physische „Haus", in das er einzieht und in dem er sein Leben lang wohnen wird.

Rudolf Steiner spricht bei dem gerade geborenen Menschen vom Modellleib, den das Kind von den Eltern und der Ahnenreihe zur Verfügung gestellt bekommen hat, quasi geerbt hat. So wie ein Mensch üblicherweise ein ererbtes Haus umbaut, um es zum Ausdruck seines Wohngefühls und -bedürfnisses zu machen, so baut das kleine Kind sein vererbtes „Körperhaus" um, um es seinem Wesen, seiner Individualität entsprechend als Hülle zur Verfügung zu haben.

Dieser Prozess hat nachhaltige Wirkung. Er erfolgt ausschließlich in den ersten Lebensjahren und gilt letztlich für das ganze Leben. Die lebenspraktische Bedeutung ist immens und betont die große Verantwortung des Erziehungs- und Bildungsgeschehens in den ersten Lebensjahren. „Was wir an dem Kind tun, das tun wir nicht bloß für den Augenblick, sondern für das ganze Leben …" (Steiner, *Die pädagogische Praxis*)

Welche Impulse ein Mensch in seinem Leben verfolgt, welche Ideale er zu seinem „Leitstern" macht, welche Lebensmotive letztlich seine persönlichen sind, welcher „idealische Mensch" in dem Leben seine Verwirklichung sucht, alle diese entscheidenden Lebensfragen, die die eine Seite der Erfüllung einer Biographie ausmachen, werden nicht von Erziehung und Bildung entschieden und können nicht nachhaltig gestört werden. Hier bewegt sich der Mensch ausschließlich in seinem ureigensten „Heiligtum", seiner eigenen Individualität.

Um aber seine ureigensten geistigen Lebensmotive in das irdische Leben und die konkrete Biographiegestalt zu integrieren, müssen sich diese geistigen Impulse mit den irdischen Lebensverhältnissen und den ihnen entsprechenden Widerständen auseinandersetzen. Diese machen die zweite Seite der Erfüllung der menschlichen Biographie aus. So ist der tiefste und unbewussteste Widerstand die eigene physische Konstitution und Disposition, in und mit der der Mensch sein Leben gestaltet. Durch diese hindurch muss er seine Impulse verwirklichen, wollen sie lebensgestaltend werden. Sonst bleiben sie „Theorie" oder Illusion. Seelisch sind sie Ausdruck seines Willens, nicht seiner Vorstellungen, Gestalt finden sie in Handlungsschritten und Taten des Lebens.

Wie dieser leibliche Widerstand geartet ist, entscheidet sich in den ersten Lebensjahren. Die Selbstbildung des Kindes aufgrund der erlebten menschlichen Beziehungen schafft die Gestalt dieses tiefsten Widerstands. In diesem Gestaltungsprozess ist das Kind angewiesen auf die erwachsenen Erziehungspartner, die in der Begegnung in der hier angesprochenen Weise Schicksal für das Kind bilden. Der Widerstand entscheidet nicht die weitere Biographie, aber die Hindernisse beziehungsweise die Höhe und Intensität der Hindernisse, die ein Mensch in seinem Leben überwinden muss.

Wenn Forschung im Sinne der Salutogenese von der zu erringenden Resilienz als der Fähigkeit, Hindernisse des Lebens als stete Herausforderung für die Eigenentwicklung zu verstehen, spricht, ist im tiefsten Sinne von der Qualität des im Menschen selbst begründeten Widerstands der Selbstverwirklichung die Rede. Je mehr der physische Leib dem geistigen Wesen des Menschen entspricht, umso größer ist die Chance des Aufbaus von Resilienz als Basisqualifikation für das heutige Leben.

Ein weiteres Motiv wird in dieser Betrachtung deutlich. Rudolf Steiner bezeichnet den physischen Leib als das Geistigste der Menschennatur. Er steht nicht im Sinne eines dualen Menschen- und Weltverständnisses dem seelisch-geistigen Wesen des Menschen gegenüber, sondern ist unmittelbarer Ausdruck desselben. Er ist in seinem Wesen vom Ich geschaffene Qualität, oder etwas poetisch formuliert: er ist der materiellen Stofflichkeit abgerungene Geistigkeit. Er wird Erscheinungsform des Ich, so wie der menschliche Körper allgemeinmenschlicher Bau des Wesens Mensch ist, so wird der jeweilige konkrete physische Leib Erscheinungsform des Ich. Seine Qualität ist praktisch lebensentscheidend – umso mehr, je individueller menschliche Lebensgestaltung wird.

Was wir an dem Kind tun, das tun wir nicht bloß für den Augenblick, sondern für das ganze Leben …
Rudolf Steiner

Die Leibes(selbst)bildung des Kindes ist nicht, wie so oft propagiert, in erster Linie eine Grundlegung des traditionellen Gesundheitsverständnisses im Sinne von Absicherung gegen Krankheitsprozesse, sondern eine Basis für die Erfüllung der eigenen biographischen Motivlage des Menschen. Hier liegt die tiefe und gar nicht genug zu betonende Bedeutung der Beziehung zwischen Erziehern und Kindern in ihren ersten Lebensjahren. In dieser Zeit wird die völlig unbewusste Disposition für den individuellen Erwerb von Identität, Freiheit und Moral gelegt, mit der der Mensch sich lebenslang auseinanderzusetzen hat.

Wenn Rudolf Steiner als Kernmotiv der Erziehung des kleinen Kindes formuliert, Erziehung sei in erster Linie Selbsterziehung des Erziehers und das Kind lebe in der Nachahmung des menschlichen Vorbilds, ist in prägnanter Weise das hier Beschriebene zusammengefasst. Der innere Grad der Entwicklung des Erziehers, so wie er sich in den konkreten Verrichtungen des Lebens zeigt, wird vom Kind leibbildend verinnerlicht, das heißt nachgeahmt. Nachahmung ist nicht der Mit- und Nachvollzug der äußeren Handlung des Erwachsenen, sondern der selbstständige Gestaltungsprozess des Kindes in der eigenen Leiblichkeit aufgrund der Qualität der Begegnung mit dem vorbildenden Erwachsenen.

Das Gras wächst nicht schneller, wenn man daran zieht.
Afrikanisches Sprichwort

Wenn Erziehung Begegnung ist, dann findet sie immer als Geschehnis der aktuellen Gegenwart statt. Gerade wenn der Erwachsene seine Zukunftsimpulse antizipiert und im Moment aus dieser Kraft gestaltet, ist er im höchsten Sinne gegenwärtig und nicht abgehoben in Planungsvorstellungen hinsichtlich der Zukunft. Gerade dann aktiviert er seinen in der Gegenwart wirksamen Willen und ist „ganz da". Das Gegenteil wäre,

Erfahrungen der Vergangenheit in der Begegnung tradieren zu wollen, oder Planungen, Vorstellungen, wie eine Situation sein muss, theoretisch als Zukunftsbild in sich zu tragen. Begegnung ist Erfüllung des Augenblicks, der jetzt zwischen Kind und Erwachsenem herrscht.

Die allgemein herrschende Tendenz ist eine andere. Vorschulerziehung wird verstanden als Vorbereitung der folgenden Schulzeit, Schulzeit als Vorbereitung der Berufsausbildung, besonders des akademischen Studiums; das Studium ist die Vorbereitung der Arbeitswelt, die Arbeitswelt sieht ihre Erfüllung in einer „ordentlichen" Rente – und am Ende stellt der Mensch fest, dass er nie da war. Immer war er „eigentlich" schon beim nächsten. Der Moment selbst war nie das Zentrum des Lebens. Von daher ist die Aufgabenstellung, gegenwärtige Beziehung zu gestalten, alles andere als die erlebte Realität des Bildungsgeschehens.

Nur wenn Bildung und Erziehung auf die aktuelle Begegnung setzen und Kind sowie Erwachsener einander als nicht austauschbare einmalige Partner dieser Begegnung anerkennen können, ist wirklich Gegenwart gegeben. Erziehung und Bildung sind Gegenwartserfüllung.

3. WER IST „ICH" IN DER ERZIEHERISCHEN BEGEGNUNG?

Wenn der Kern der Bildung und der Erziehung die Begegnung zwischen Kind und Erwachsenem ist, ergibt sich selbstverständlich die Frage, wer derjenige im Erwachsenen ist, der für diese Aufgaben „zuständig" ist. Wenn man Menschen fragt, welche Lehrer in besonderer Weise und warum Eindruck auf sie in ihrer Kindheit gemacht haben, erhält man in aller Regel keine Menschen genannt, die sich wegen inhaltlicher – fachlicher oder methodischer – Fertigkeiten in die Erinnerung des ehemaligen Kindes eingegraben haben, sondern es sind fast immer charakterliche Qualitäten des individuellen Menschen, die nachhaltig Eindruck auf das Kind gemacht haben. Der Lehrer, der unerwartet „fünfe gerade sein lassen" konnte, der Humor entwickeln konnte, der dem Leben immer wieder Freude und Heiterkeit abringen konnte, der tolerant und gelassen bestimmten ideellen Anschauungen verbindlich zugetan war, der sich um Gerechtigkeit bemühte, der sich selbstkritisch entschuldigen konnte. Die Liste der häufig genannten Qualitäten im Rückblick auf die Begegnung mit den eigenen Erziehern lässt sich vielfältig verlängern oder differenzieren. Was aber die genannten Begründungen für einen wertschätzenden Rückblick auf die eigenen Erzieher oder Lehrer sofort deutlich machen, ist die Tatsache, dass es sich um Qualitäten handelt, Qualitäten, die dem Ich des jeweiligen Menschen entsprechen, durch die der Mensch im Leben seine eigene Signatur schreibt. Dass es hierbei in aller Regel um nachhaltige Eindrücke geht, kann man daran erkennen, dass je älter der Mensch wird, desto stärker diese Eigenschaften gegenüber den professionellen Qualitäten hervortreten.

Die sichere Seite unseres Lebens

Nennen wir diese Seite des Menschen sein Ich und versuchen sie darzustellen. So möge die Situation eines Vorstellungsgespräches im Rahmen einer Bewerbung als Rahmen der Anschaulichkeit dienen.

Wenn jemand sich (das ist quasi die Kurzfassung von „sein Ich") vorstellt, muss dieser Mensch sich seiner Vorstellung bedienen. Wie das Wort verrät, holt derjenige, der sich etwas vorstellt, dieses hervor aus seinem Innern, aus der Erinnerung, und stellt es sich und gegebenenfalls auch anderen vor das seelische Auge. Vorstellung und Erinnerung gehören untrennbar zueinander. Vorstellung bezieht sich somit immer auf etwas Vergangenes, das aus der Erinnerung hervorgeholt werden kann. In diesem Sinne stellt der Mensch sich sein Leben vor und lässt gegebenenfalls andere daran teilhaben. Diese Erinnerungsvorstellung des eigenen Lebens kann, wenn man sich darum bemüht, sehr exakt sein, denn es ist die Wiederherbeiholung des bereits Erlebten, Erfahrenen, Gelebten. Die Vorstellung ist somit das Instrument, mit dem der Mensch sich seines gelebten Lebens bewusst wird und es nachträglich als einen Zusammenhang darstellen kann.

Inhaltlich spricht sich in der erinnernden Vorstellung des Lebens die Erfahrung des Menschen aus. Das, was der Mensch durchgestanden hat, was hinter ihm liegt, ist Gegenstand der Erfahrung, also immer etwas Vergangenes.

Erfahrung ist ein Persönlichkeitskapital, an dem der Mensch gereift ist, das er sich anverwandelt hat, das in sein Fähigkeitenprofil Einzug genommen hat. Derjenige, der andere Einblick nehmen lässt in den eigenen Erfahrungsschatz, lässt gleichzeitig ahnen, welche Fähigkeiten ihm zur Verfügung stehen.

Alle genannten Bereiche, die mit der Erinnerung an das gelebte Leben verbundene Vorstellung, die Darlegung eigener Erfahrungen, die Darstellung eigener Fähigkeiten, hängen mit der „sicheren Seite" des Lebens zusammen. In der erinnernden Vorstellung kann eine ganz exakte Linie gezeichnet werden. Wenn der Mensch sich und seinen Lebensgang vorstellt, kann er absolut genau sein. Es ist eben nicht offen, ob dieser Mensch zum Beispiel am 3.11.1957 in Paris oder London gewesen ist. Da es gelebte Geschichte ist, lässt sich das Lebensband genau zeichnen, wenn man den Dingen genügend auf den Grund geht. Ebenso sind Erfahrungen und Fähigkeiten quasi Besitz und Eigentum, auf die der Mensch zurückgreifen kann, wenn er das will. Der Mensch, der der anstehenden Aufgabe entsprechende Fähigkeiten besitzt, fühlt sich sicher, hat keine Angst vor den Anforderungen des augenblicklichen Lebens.

Auf der anderen Seite nimmt der Mensch durch sein Erfahrungswesen, durch das, was er durchgemacht hat auf allen Ebenen, Kontur an. Jemand, der mir seinen Lebensgang ausführlich geschildert hat, erzeugt in mir ein Bild seines Wesens. Ich habe das Gefühl zu wissen, „wo ich dran bin", wenn ich diesen Einblick gewonnen habe. Der andere erhält dadurch Berechenbarkeit von mir zugesprochen.

Auf der Suche nach dem Ich sind wir so bei dem Wesen in und von dem Menschen angekommen, das von der Geburt bis zum gegenwärtigen Moment anwesend ist und im kausalen Sinne seinen Werdegang als individuellen Menschen verstehen lässt. Die jeweilig aktuelle Situation seines Daseins erklärt sich kausal aus dem Vorhergehenden. Die Vergangenheit ist der Grund der Gegenwart und auch der Zukunft des Menschen. Ich bin deswegen so, wie ich bin, weil ich bestimmte Erfahrungen habe sammeln können. Darin unterscheide ich mich von allen anderen Menschen, die eben andere Erfahrungen gesammelt haben. Unter dieser Perspektive ist die Einmaligkeit des Menschen darin begründet, dass er ein anderes Erfahrungswesen als jeder andere Mensch dieser Welt besitzt. Die Individualität des Menschen, sein Ich, ist die Summe seiner Erfahrungen.

Noch vor wenigen Jahrzehnten hätten wir nun aufhören können, weiter nach dem Wesen des Ich zu suchen. Alles Wesentliche ist gesagt.

Fassen wir schematisch zusammen, ergibt sich folgende Abbildung:

ICH,
der ich geworden bin

* ⟶

Vorstellung
Erfahrung
Fähigkeit
Sicherheit
Berechenbarkeit
kausales Lebensverständnis

Die spannende offene Seite unseres Lebens

Die Ursache liegt in der Zukunft.
Joseph Beuys

Jede moderne Seele erlebt eine zweite Seite des eigenen Ich. Ein Beispiel möge dies verdeutlichen. Ich spreche mit einer Erzieherin in einem Kindergarten, die mir empfohlen worden ist für die Mitarbeit in einem gemeinsamen Seminarprojekt. Die Kollegin referiert nun, dass es wohl stimme, dass sie in ihrem Kindergarten sehr geschätzt ist. Dass neue Eltern, wenn sie mit ihren Kindern auf den Kindergarten zukommen, auf jeden Fall ihr Kind in ihrer Gruppe wissen wollen und nicht in einer anderen Gruppe des Kindergartens. Auch sei es richtig, dass ihre Kolleginnen im Kindergarten sie stets um Rat fragen, wenn sie Probleme haben, gleichsam die Eltern der Kinder im Hause. Auch habe sie keine wirklichen Probleme mit den heutigen Kindern. Man sage zwar, die heutigen Kinder seien schwierig, was sie im Vergleich zu früher auch bemerke; aber, wenn die Kinder zwei, drei Wochen in ihrer Gruppe seien, dann genüge ein freundliches Wort oder ein intensiverer Blick, und die Kinder fügten sich in das Gruppengeschehen ein. Kurzum: Diese Kollegin hat ihr berufliches Geschehen und ihr Arbeitsfeld voll unter Kontrolle und steht in einem freundlichen Verhältnis zu allen Kindern und Erwachsenen. Des Weiteren ist sie sehr geschätzt.

Man könnte meinen, dass sie eigentlich eine „runde" und erfüllte berufliche Positionierung repräsentiere; aber dann kommt in dem Gespräch die eigentlich bedeutsame Aussage. Alles dies, warum sie so von Eltern und Kollegen geschätzt sei, wolle sie eigentlich nicht. Sie wolle keinem Kind sagen, was es tun oder lassen soll; sie wolle keinem Erwachsenen – weder Kollegin, noch Elternteil – in irgendeiner Weise sagen, wie sie am besten in dieser oder jener Situation zu verfahren haben, ihr tiefstes Anliegen sei, alle Menschen völlig frei zu lassen.

Die Kollegin beschreibt etwas, womit sie bislang keine Erfahrung machen konnte. Ihre Erfahrung ist gerade entgegengesetzt, nämlich die, dass sie ihre Aufgaben dadurch so erfolgreich meistert, dass sie Kindern, Kolleginnen und Eltern sagt, was sie zu tun und lassen haben, und dies auch gern gehört wird. Jetzt aber lebt in der Seele etwas auf, wovon die Kollegin keine Ahnung hat, was sie letztlich nicht kennt, von dem sie aber absolut gewiss ist, dass es da ist und für sie entscheidend da ist.

Wenn wir für das, was als Qualität an diesem Beispiel beschrieben ist, einen passenden Begriff suchen, ist vielleicht der treffendste: Sehnsucht. Unsere Sehnsucht steht in der Seele unserer Erfahrung genau gegenüber. Im Sinne der berühmten Rede des amerikanischen Bürgerrechtlers Martin Luther King am 28. August 1963 in Washington, die mit den legendären Worten „I have a dream" begann, hat die Sehnsucht die Qualität unseres inneren Traumes.

Jede moderne Seele kennt dieses Erlebnis, dass in der Seele neben der Erfahrung aus genau entgegengesetzter Richtung die innere Sehnsucht spricht. Im Gegensatz zur Erfahrung, die sich definitiv und konturiert artikuliert, ist die Sehnsucht präsent, ohne dass sie definierbar ist. Ihr Erscheinungsort ist das allgemeine Lebensgefühl. Auch ohne sie letztlich wirklich konkretisieren zu können, kennt jeder Mensch die Sprache dieser seiner Sehnsucht und weiß um die Bedeutung dieser Seite seines Innenwesens. Ebenso weiß jeder, inwieweit er den „Ruf" seiner Sehnsucht zugelassen hat und ihm womöglich aktives Gehör geschenkt hat.

Die Erfahrung des Menschen rührt aus seiner Vergangenheit. Sie schiebt gewissermaßen den Menschen von hinten an. Die in der Vergangenheit gemachte Erfahrung bestimmt das Handeln in der Gegenwart. So ist die Ursache seines heutigen Handelns in der Vergangenheit des Menschen zu suchen. Die Sehnsucht ist wie ein sinnlich noch nicht präsenter geistiger Kern, der aus der Zukunft ruft, um in der Gegenwart ein Stück sinnliche Wirklichkeit zu werden.

Der Mensch, der seinen Erfahrungsbereich verlässt und sich seiner Sehnsucht hingibt, verlässt den Bereich seiner Fähigkeiten. Die Sphäre der Unfähigkeit beginnt, und damit wird der Mensch interessant. Solange der Mensch seine Fähigkeiten lebt, ist er „langweilig", da er sich wiederholt. Die Fähigkeiten hat er in der Vergangenheit erworben; wenn er sie nun erneut anwendet, kopiert er sich gewissermaßen. Wirklich neu wird der Mensch, wenn er ohne Fähigkeiten unmittelbar seinem Leben und dessen Forderungen gegenübertritt. Dann wird er auch in neuer Weise interessant – für andere und sich selbst.

Außerdem verzichtet der Mensch, der seiner Sehnsucht Raum gibt, auf seine gewohnte Sicherheit. Man stelle sich die oben genannte Kindergartenerzieherin vor, die nun ihrer inneren Sehnsucht folgend darauf verzichtet, dem Kind zu sagen, was es tun darf und was nicht. So zum Beispiel beim Frühstück: Ein Kind verschwindet unter dem Tisch und kommt nicht wieder hervor. Der Kollegin wäre es ein leichtes, dem Kind freundlich unter dem Tisch zuzurufen, es möge doch bitte wieder „nach oben" kommen und am Essen teilnehmen. Gerade das ist ja ihre große Fähigkeit, dass ein kurzes Wort genügt, um die Kinder sicher zu führen. Nun aber verzichtet sie darauf. Was passiert? Ärgert das Kind andere Kinder, indem es in deren Waden kneift? Werden andere Kinder das Kind unter dem Tisch treten? Rutschen noch mehr Kinder unter den Tisch und entziehen sich so dem gemeinsamen Frühstück? Das sonst in seinem Ablauf so sicher geführte Leben wird plötzlich zum Risiko. Der Verlauf ist völlig offen.

Für ihre Kolleginnen oder die Eltern des Kindergartens wird die Erzieherin, die ihre Sehnsucht lebt, ein Rätsel. War sie vorher doch so klar berechenbar. Alle glaubten, genau zu wissen, wen sie in ihr vor sich haben, nun aber ist jegliche Gewissheit, sie eingeordnet zu wissen, verschwunden. Wenn der Mensch anfängt, wirklich seiner Sehnsucht Raum zu geben, verliert er jede Berechenbarkeit, selbst denjenigen gegenüber, zu denen die engsten Bindungen bestehen, beispielsweise Ehe- oder Lebenspartnern gegenüber.

Es gibt nichts Gutes, außer man tut es.
Erich Kästner

Ein beeindruckendes Beispiel eines von der Sehnsucht gestalteten Lebens ist das des ehemaligen tschechischen Präsidenten Vaclav Havel. Havel zeigte immer wieder neu, dass das, was ihn aus der Zukunft zog, was der geistige Keim seines Handelns war, die Sehnsucht nach Wahrheit und Wahrhaftigkeit war. Das, was ihm als unwahrhaftig erschien, benannte er als solches, auch in einem kommunistischen Regime, das eine solche Haltung nicht zulassen konnte. Selbstverständlich nahm Havel in Kauf, für seine aufrichtige Haltung bestraft zu werden und sich im Gefängnis wiederzufinden – alles andere als ein glücklicher Umstand in der kommunistischen Gesellschaft. Havel war ein großer Denker und Philosoph, der seine Gedanken zur Wahrheit hervorragend formulieren und niederlegen konnte. Das aber, das ihn viel größer als diese Fähigkeit der philosophischen Vorstellungsbildung sein lässt, ist die Tatsache, wie er seiner Sehnsucht Raum gegeben hat. Er hat in den Momenten, in denen es darauf ankam, ohne jegliches Taktieren und strategisches Abwägen zur Wahrheit zu stehen, diese seine Sehnsucht gelebt. Nicht die Frage, was ihm persönlich denn passieren könne, wenn er nun die Wahrheit ausspricht, welche die ihn befragenden Staatsdiener entlarvt und bloßstellt ausspricht, hat sein Handeln geprägt, sondern der unbedingte Wille, für diese Sehnsucht selbstverständlicher Garant zu sein.

An diesem Beispiel wird deutlich, wo die Sehnsucht ihren Erscheinungsort innerhalb der Seele hat; nämlich nicht in der Spiegelung des Lebens in der Vorstellung, sondern im unmittelbaren Handlungsansatz, im Willen.

Diese Seite des Ich ist stets in statu nascendi, das heißt, sie ist erst da, wenn der Mensch in die unmittelbare Handlung eintritt. Sie ist kein in der Vergangenheit geplantes Vorgehen, sondern eine im Moment geborene und die Geistesgegenwart der Situation ergreifende Handlung. Die Qualität dieser Sphäre drückt genial einfach Erich Kästner in einer zu einem Bonmot geronnenen Zitat aus: „Es gibt nichts Gutes, außer man tut es.“

War in der Betrachtung des Ich, das seine Wurzeln in der Vergangenheit hat, das Leben somit ein in der Vergangenheit begründetes Phänomen, so findet der Mensch, der seinen Handlungsansatz in der Sehnsucht hat, die Ursache seiner Lebensperspektive in der Zukunft. Das Leben begründet sich vom Ende her, es ist ein viel mehr final gegründetes.

So mag diese Seite des Ich, die der bürgerlichen gegenübersteht, der obigen schematischen Zusammenfassung hinzugefügt werden:

ICH, der ich geworden bin	ICH, der ich werden will
* ————→	←———— †
Vorstellung	Wille
Erfahrung	Sehnsucht, Traum
Fähigkeit	Unfähigkeit
Sicherheit	Risiko
Berechenbarkeit	Unberechenbarkeit
kausales	finales
Lebensverständnis	Lebensverständnis

4. DAS INNERE DRAMA DER MODERNEN SEELE

Sehnsüchtig grüßt der,
der ich bin,
den,
der ich sein könnte.
Søren Kierkegaard

In der Seele des modernen Menschen haben die beiden Seiten des Ich Behausung: Die Seite, die sich insbesondere auf die Erfahrung des Menschen stützt, gleichermaßen aber auch die, die sich in der Haltung der Sehnsucht wiederfindet.

Das gewöhnliche Leben wird beherrscht von der ersten Seite. Aus meiner subjektiven Erfahrung heraus, in der meine Fähigkeiten, meine Vorurteile, meine ganze Lebenssicherheit liegen, ergreife ich die Aufgaben des täglichen Lebens und bewerte sie dementsprechend. Für diese Welt habe ich meine logische Begründung, die den pragmatischen Untergrund für ein innerlich ruhiges Leben bietet. Auch dort, wo vielleicht eine andere „Logik" anklingt, greift dieses Modell gut. Ein Beispiel möge genannt sein. Selbstverständlich weiß ich, dass die Bauern in Nicaragua betrogen werden, wenn sie ihre Kaffeebohnen anbauen und an die großen Weltkonzerne vertreiben. Aber ob ich diesen Kaffee kaufe oder nicht, ändert an diesen Verhältnissen nichts. Ich bin ein unbedeutendes Glied in einer fast unendlichen Kette. Auf mich kommt es letztlich nicht an. Diese scheinbare Folgerichtigkeit beruhigt und lässt den Menschen in einem geordneten und festen Weltbild seinen Alltag bestreiten.

Aber dann kommt es doch. Ungerufen. Vielleicht durch eine Begegnung mit einem Menschen, der in einem der Krisengebiete dieser Welt helfend mitgearbeitet hat und nun über die unvorstellbar harten Schicksalskonstellationen der Kaffeebauern in Nicaragua erzählt. Das alte Muster, ein klares und geordnetes folgerichtiges Weltbild immer dann zu haben, wenn Neues auf den Menschen zukommt, funktioniert nicht mehr. In der Seele taucht etwas völlig Neues auf, etwas, was sich nicht definieren lässt, aber eine tiefe Berührung bedeutet, die gleichzeitig Verunsicherung und Offenheit ist. Etwas wird in mir angestoßen, das ich noch nicht kenne, von dem ich aber weiß, dass es da ist und zu mir gehört. Und gleichzeitig weiß ich, dass ich dieses Neue nicht nach altem Schema in mein Vorstellungsleben integrieren kann, sondern, dass ich etwas tun muss. Hier ist kein Taktieren mehr möglich, kein Argumentieren oder Abwägen, sondern nur noch die Frage, ob oder ob nicht. Nur die Tat ist die passende Antwort auf diese Berührung. In seiner sehr eigenen Art beschrieb John Lennon dieses Phänomen in seinem Song *Darling Boy* unmissverständlich: „Life is what happens to you, while you're busy making other plans."

Der Mensch erlebt so seine Grenze, aber auch seinen Abgrund, der an oder hinter dieser Grenze auf ihn wartet. Jenseits dieses Abgrunds liegt die ersehnte Welt, die als völlig reale Welt erkannt ist, aber die nur durch einen Schritt über den Abgrund erreicht werden kann. Wenn der Mensch an dieser Stelle seines Lebens steht – in der Regel ungeplant und ungerufen – benötigt er die seelisch-geistige Qualifikation, die wie keine andere die Signatur der Gegenwart repräsentiert. Diese Qualifikation ist Mut. Mut ist der im Menschen geborene Handlungsansatz. Mut ist nicht Vorbereitung, sondern der Handlungsansatz selbst. Wenn der Mut nicht da ist, ist der Mensch gelähmt. Immer wenn der Mensch an die Grenze seiner bürgerlichen Persönlichkeit kommt und den Abgrund zu seiner sehnsuchtsvollen Seite erlebt, zeigt es sich, ob er mutig ist oder nicht.

Der Mut hat seine eigene innere Gesetzmäßigkeit. Mut ist der Handlungsansatz selbst. Er zeigt sich beispielsweise in dem Bild, dass der Mensch seinen Fuß hebt, um ihn über den Abgrund zu setzen. In dem Moment, in dem der Mensch diesen Schritt begonnen hat, merkt er, dass ihm Kraft zufließt, dass er sich getragen fühlen darf. „Ich setzte meinen Fuß in die Luft, und sie trug." (Domin 1995) So beschreibt Hilde Domin dieses moderne psychologische Phänomen. Die den Menschen begleitenden Wesen einer spirituellen Welt tragen den Menschen, wenn dieser anfängt, selbst zu handeln. Früher bat der Mensch geistige Wesen, insbesondere seinen Schutzengel, ihm zu helfen und vor der eigenen Handlung dem Menschen Sicherheit zu verleihen, jetzt das Richtige zu tun. Heute trägt der Engel den Menschen, wenn dieser den ersten Schritt selbstständig tut.

Bernhard Eyb, *Vertrauen*

Bernhard Eyb, *Mut*

Auf der anderen Seite schafft auch die Situation, den Mut nicht freigesetzt zu haben, wenn der Mensch an diese seine Schwelle zwischen den beiden Seiten seines Ich kommt, seelische Realitäten. Findet der Mensch im rechten Augenblick keine Möglichkeit des Handelns, erzeugt er in seiner Seele Angst, die sich in latenter Weise seines Lebensgefühls bemächtigt. Ergreift diese Angst die Innenseite der Seele, haben wir einen Quellort des Depressiven; wendet sie sich mehr nach außen, entstehen die vielfältigen Formen des Aggressiven.

In das Schaubild eingefügt ergibt sich nun folgendes Bild:

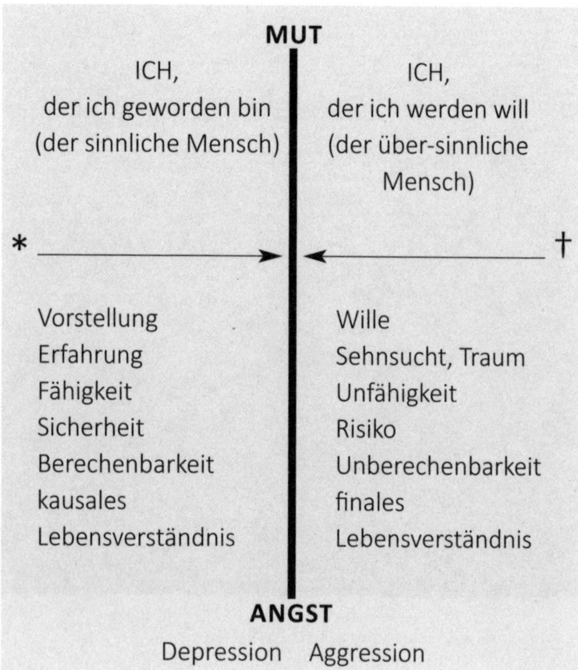

Rudolf Steiner, *Der Menschheitsrepräsentant*

Das bürgerliche Ich in seiner kausalen Logik zeichnet eine scharfe und exakte Linie. Anders die Ich-Qualität, die aus der Zukunft ruft. Sie ist ein nie abreißender Strom aus der Zukunft, der natürlich auch nicht mit dem Todespunkt endet. Wenn alle menschlichen Sehnsüchte nach Entwicklung gestillt sind, in Urzeiten der Erden- und Menschheitsentwicklung, wird der Mensch wirklich Mensch geworden sein. Dann ist er Repräsentant der Menschheit und hat seinen Erdenweg abgeschlossen. Rudolf Steiner gibt der von ihm geschaffenen großen Holzplastik Christi in diesem Sinne folgerichtig den Namen *Der Menschheitsrepräsentant*.

5. WERDEN WIE DIE KINDER: LEBENSKÜNSTLER WERDEN

Die Erfüllung eines Lebens, einer Biographie, ist im Sinne dieser Betrachtung gegeben, wenn es dem Menschen immer mehr gelingt, aus seiner Sehnsucht heraus sein Leben zu gestalten. Ja, die Sehnsucht ist das Motiv seines Lebens, ist der „Schiller'sche idealische Mensch", ist das „Lebenskonzept", von dem Milan Kundera sagt, dass jeder Mensch dieses hat und von dessen Existenz jeder Mensch weiß, das aber keiner definieren kann, sodass es ungewiss ist für jeden Einzelnen, ob er im Sinne dieses Konzeptes lebt oder nicht.

Als Kind ist jeder ein Künstler. Die Schwierigkeit liegt darin, als Erwachsener einer zu sein.
Pablo Picasso

Schauen wir auf die grundsätzliche Lebenssituation kleiner Kinder, können wir feststellen, dass diese immer aus diesem Lebensquell der Sehnsucht heraus ihr Dasein gestalten. Kinder planen nicht ihr alltägliches Handeln, sondern leben aus der Unmittelbarkeit ihres Daseins heraus; je jünger, desto deutlicher. „Motorischer Mitvollzug" des Geschehens (Alfred Nitschke 1962/2010) beschreibt begrifflich diese Haltung recht zutreffend. Kinder stören sich dabei nicht an den noch fehlenden Fähigkeiten, sondern ergreifen das Feld ihrer Unfähigkeit mit dem ganzen innewohnenden Risiko. Der Lebensvollzug eines jeden Kindes ist aus Sicht der verantwortlichen Erwachsenen immer von Unberechenbarkeit geprägt.

Nun zeigt Kindheit mit zunehmender Zeit ein verändertes Erscheinungsbild. Feststellungen der Erwachsenen wie „Kinder werden immer schwieriger" sind keine Seltenheit. Ebenso die Tatsache, dass zunehmend Pädagoginnen und Pädagogen ihren Beruf in Kindergarten und Grundschule aufgeben, weil sie mit den jüngeren Kindergenerationen nicht mehr zurechtkommen. Zudem steigt in dieser Berufsgruppe die Zahl der psychisch angegriffenen Menschen.

Ein erster genauerer Blick zeigt, dass sich immer mehr Kinder gegen traditionelle Erwachsene-Kind-Beziehungen auflehnen und wehren. Der gewöhnliche Zugriff in einer pädagogischen Beziehung erfolgt seit Jahrhunderten von der bürgerlichen Seite des Ich des Erwachsenen aus. Der Erwachsene besitzt die Vorstellung, was und wie das Kind etwas lernen soll, und steuert beispielsweise als Lehrer nun den Entwicklungsprozess des Kindes.

Diese traditionelle Erzieher-Kind-Beziehung ist Ausdruck eines einseitigen Machtverhältnisses. Wenn diese Art der Beziehung auch noch so gut gemeint ist und menschenfreundlich umgesetzt wird, tritt sie dem entgegen, was pädagogisch feinfühlig 1989 in der UN-Kinderrechtskonvention als eines der bedeutendsten Rechte der Kinder festgeschrieben und weltweit ratifiziert worden ist, nämlich die Partizipation der Kinder an allen sie betreffenden Lebensfragen und Lebensentscheidungen. Dieses Recht ist nicht als ein vorschreibendes entstanden, sondern als ein beschreibendes aus der Wirklichkeit heutiger Kindheit heraus. Heutige Kinder haben immer mehr die feste Erwartung, dass sie sich mit den erwachsenen Erziehern auf menschlicher Augenhöhe und nicht aus einer Unterordnung heraus treffen. Es geht hierbei nicht um einen pseudodemokratischen Gleichheitsanspruch, sondern um die real erlebte Haltung des Erwachsenen. Ist dieser bereit, wie jedes Kind auf die Erfahrungsprägung der Vergangenheit zu verzichten und aus der Intuition des Augenblicks und der aus der Zukunft rufenden Sehnsucht in die Kommunikation mit dem Kind zu treten? Das, was der Erwachsene benötigt, um auch nur ansatzweise in diese Haltung zu kommen, ist die Offenheit und Suche nach der ihn tragenden, ziehenden, führenden und letztlich seine Besonderheit kennzeichnenden Sehnsucht.

Wie findet der Mensch bewusst Zugang zu seiner Sehnsucht? Wie entkommt er der „Falle", in Vorstellungen seiner Erfahrungswelt festzustecken, ohne es vielleicht in Klarheit zu bemerken?

Kinder wollen dem Erwachsenen als Ich begegnen, dem Ich, das der kindlichen Persönlichkeit entspricht. Dieses Ich wird sichtbar, wenn der Erwachsene bemüht ist, seine eigene Sehnsucht zu leben. Er muss beginnen, dieser auf die Spur zu kommen. Sobald er aber diese in seiner Vorstellungswelt sucht, wird er zunächst zurückgeworfen auf die alte Welt der Erfahrungen. Auch gedankliche Kombinationen dieser Erfahrungshintergründe sind Elemente der Vergangenheit und führen den Menschen nicht direkt in seine eigene Zukunft.

So steckt der Mensch in einem Dilemma. Das Lebensgefühl vermittelt mal mehr, mal weniger, aber letztlich jedem aufgeschlossenen Menschen den Eindruck, dass jenseits der Erfahrungswelt etwas ist, das eben aus der Zukunft heraus ihn zieht. Vergleichbar ist vielleicht das erkenntnisphilosophische Erlebnis Immanuel Kants, wenn er die Erkenntnisgrenzen festschreibt und den Menschen ewig an die Welt seiner Vorstellungen bindet.

Gleichsam zeigt die Kunst des letzten Jahrhunderts die tiefe Sehnsucht des Menschen, sich von der Erfahrungswelt, der gegenständlichen Welt zu lösen. Besonders auffällig ist dies in der Malerei, die nun in die Abstraktion fällt und beispielsweise von tendenziell formfreier Farbe lebt. Vergleichbar ist die Entwicklung der Musik, die im Genre „Neue Musik" eine Erscheinung geschaffen hat, die dem traditionellen Musikliebhaber Enormes abverlangt, nämlich die Kompensation des Verlustes des althergebrachten Harmonieerlebnisses.

Dieselbe Entwicklung in der Poesie. Poesie lebt von der Sprache. Sprache führt spontan zu einem Vorstellungserlebnis. Moderne Dichtung stellt sich dem häufig entgegen, indem Sprache aus der gewohnten Kontextbildung herausfällt und wie Fetzen erlebt wird, ohne dass sogleich ein Zusammenhang evident wird. Grandios beschreibt dies Nelly Sachs in ihrem Gedicht *Hinter den Lippen*:

Hinter den Lippen
Unsagbares wartet
reißt an den Nabelsträngen
der Worte

Märtyrersterben der Buchstaben
in der Urne des Mundes
geistige Himmelfahrt
aus schneidendem Schmerz –

Aber der Atem der inneren Rede
gegen die Klagemauer der Luft
haucht geheimnisentbundene Beichte
sinkt ins Asyl
der Weltenwunde
noch im Untergang
Gott abgelauscht –

Deutlich spricht sich aus, um was es geht, nämlich eine Sprache zu finden, die nicht an die Erfahrungsvergangenheit anknüpft. Mit der Sprache beginnt die Tragik des Prozesses; aber gleichzeitig liegt hier der Schlüssel zur Eroberung einer neuen Welt.

Begrifflich ausgerichtete Sprache führt zu Vorstellungen, die immer erfahrungsgesättigt sind. Der Mensch bleibt so in seiner Vergangenheitsbestimmung verhaftet. Den Schlüssel zur Überwindung dieser fatalen Zwangsjacke, dieses seelischen Gefängnisses, beschreibt eindrucksvoll Johann Wolfgang von Goethe in seinem *Märchen von der grünen Schlange und der schönen Lilie.*

In diesem Märchen begegnet die Schlange den drei noch verborgenen Königen und kommt mit dem goldenen König ins Gespräch: „Er fragt die Schlange, woher sie komme: Aus den Klüften, in denen das Gold wohnt! - Was ist herrlicher als Gold? -, fragt der König: Das Licht –, antwortet die Schlange. – Was ist erquicklicher als das Licht? – Das Gespräch –, versetzt die Schlange." (Goethe, *Märchen*, zit. n. Steiner, *Goethes geheime Offenbarung*)

Das Gespräch ist die Kunst, die fest werdende Sprache immer wieder „aufzureißen" und Ausdruck für Neues werden zu lassen. Ein wirkliches Gespräch ist nicht der Austausch alter fixer Vorstellungen und ihrer sprachlichen Umsetzung, sondern ein Gespräch ist erst dann im engeren Sinne des Wortes ein wirkliches Gespräch, wenn Neues entsteht, wenn die Sprechenden aus ihrer gewordenen Welt herausgehoben werden. Die eigentliche Qualität eines Gespräches entsteht in erster Linie durch die schöpferische Kraft des Zuhörens.

Ein solches Gespräch kann gegebenenfalls auch ein inneres Zwiegespräch mit sich selbst sein. Aber wie schön, wenn es zwischen zwei oder mehr Menschen stattfindet!

Das hier angesprochene Zuhören lässt sich genauer charakterisieren. Es bedeutet, dass das eigene Innere gänzlich schweigt und jedwede Zustimmung oder Ablehnung des Gehörten unterbleibt. „Wirkliches Zuhören heißt [...] einschlafen, sich selber vergessen, sich auch ein Stück verlieren, im Verstehen und noch mehr

Bernhard Eyb, *Goethes Märchen*

im eigenen Urteilen wachen wir auf. Wachbewusstsein kommt durch Absonderung von der Umgebung zustande. Wach bin ich, insofern ich mich von den mich umgebenden Dingen unterscheiden kann, im Schlaf gebe ich mich an meine Umwelt hin. So bedeutet Zuhören im Gespräch, sich mit den andern verbinden; verstehendes Einordnen und selber sprechen ist Selbstbehauptung." (Zimmermann 1991)

So entsteht ein selbstloses Hören, das schrittweise zur Verschmelzung mit dem anderen

Wirkliches Zuhören heißt […] einschlafen, sich selber vergessen, sich auch ein Stück verlieren, im Verstehen und noch mehr im eigenen Urteilen wachen wir auf.
Heinz Zimmermann

führt. Der Hörende hört sich so in die Seele des anderen hinein. „Er fängt an, mit der Seele zu hören." (Steiner, *Wie erlangt man Erkenntnisse der höheren Welten – Die Vorbereitung*)

6. DER WEG FÜHRT ÜBER DEN HIMMEL

Das Kollegium eines Kindergartens trifft sich regelmäßig in einer Konferenz. Alle Teilnehmenden verabreden sich, über einen längeren Zeitraum auf die Suche nach den jeweiligen Zukunftsmotiven zu gehen. Gemeinsamer Hintergrund ist der Gedanke, dass Erziehung im Kern Begegnung von Ich zu Ich ist und dass die Kinder heute mehr denn je von den Erwachsenen erwarten, dass diese den Teil ihres Ichs aktivieren, der nicht aus der Vergangenheit heraus geboren ist, sondern der werden will, der aus der Zukunft heraus in die Gegenwart ragt, der dasjenige ist, was den Menschen zieht und nicht schiebt.

Die Erwartungen der Kinder an „ihre" Erwachsenen sind dann am deutlichsten erfüllt, wenn diese den Mut haben, aus der Sphäre ihrer Sehnsucht mit den Kindern in die Begegnung zu treten. Gleichzeitig ist dies die Lebensform, die den Erwachsenen Erfüllung ihrer eigenen Erwartungen an ihr Leben bringt. Kinder suchen den Erwachsenen, der vor ihnen sein Leben bildet, der buchstäblich „Vorbild" ist. Dies ist das Lebenselixier für Kinder, was sie dann nachahmend zur individuellen Ausgestaltung ihrer physischen Organe und physiologischen Prozesse nehmen.

Sozial-praktisch ist es ratsam, die Gespräche der Suche nach der eigenen Sehnsucht in nicht zu großen Gesprächsgruppen zu führen. Günstig sind Runden mit fünf Gesprächsteilnehmern. In so einer Gruppe kann derjenige, der nicht viel sagen will, schweigen, ohne dadurch störend aufzufallen, andererseits haben diejenigen, die sprechen wollen, genügend Zeiträume dafür.

Die Aufgabenstellung für die Gesprächsgruppen ist schlicht und einfach. Jeder in der jeweiligen Gruppe erzählt den anderen, was aus der Zukunft ihn oder sie zieht, was er oder sie als seelische Qualität finden und leben wollen; nicht theoretisch „als gute Tat", sondern als ehrliches inneres verborgenes Bedürfnis. Die Zuhörer haben jeweils die Aufgabe, genau hinzuhören und dieses Zukunftsmotiv zu hören, zu entdecken und zu verstehen – ohne jede Bewertung und Beurteilung, aber erlebt als Zukunftsmotiv, nicht als Ausdruck eines Berichtes der gelebten Vergangenheit.

Gespräche dieser Art fangen immer mit einer Phase des Schweigens an. Begründung hierfür ist allein schon die mehr oder weniger bewusst erlebte Tatsache, dass unsere Sprache zunächst einmal immer unsere gelebte Vergangenheit betrifft, niemals die noch nicht gewordene Zukunft. Dann fängt ein Teilnehmer an. In der Regel erzählt er von Erlebnissen seines Lebens, in denen für die Betreffende oder den Betreffenden wichtige Impulse erkennbar waren oder sind. Die zuhörenden Gesprächspartner stellen vielleicht einzelne Fragen, wenn das Erzählte nicht deutlich genug ist. Die Aufmerksamkeit ist jedoch primär darauf gerichtet zu hören, was der Sprechende über seine Motive erzählt, die ihn oder sie aus der Zukunft ziehen.

Für die Menschen, die dabei sind, ihre Sehnsucht formulieren zu wollen, entsteht nicht selten das berührende Erlebnis, sich getragen zu fühlen. Dies wiederum führt dazu, sich selbst und den anderen gegenüber in einer neuen Weise sich öffnen zu wollen und zu können.

Dieses Phänomen ist zum Beispiel in umgekehrter Weise ein entscheidendes Element für die soziale Prozedur, in Gruppen einmütig, also nicht demokratisch mehrheitlich, sondern republikanisch völlig gemeinsam zu einer Entscheidung zu kommen. Dies ist nur möglich, wenn letztlich alle bereit sind, nicht wegen eines sachlichen Kompromisses, sondern aus Achtung und Respekt vor den Kolleginnen und Kollegen die eigene Entscheidungsrichtung zurückzunehmen. Dies kann nur gelingen, wenn jeder sich persönlich wahrgenommen fühlt. So muss der gerade im Arbeitsleben beginnende Kollege die Erfahrung machen, dass die anderen, vielleicht doppelt so alten und jahrzehntelang erfahrenen Kolleginnen und Kollegen aufmerksam seiner Meinung und Bewertung der Angelegenheit lauschen. Nur dann kann in sinnvoller und verantwortlicher Weise ein Kollege sein Urteil zurückstellen und einen Gemeinschaftsentschluss mitformulieren, der trotz eigener anderer Entscheidungs-

Heilsam ist nur, wenn
Im Spiegel der Menschenseele
Sich bildet die ganze Gemeinschaft
Und in der Gemeinschaft
Lebet der Einzelseele Kraft.

Rudolf Steiner,
Motto der Sozialethik

richtung ehrlich und wahrhaftig mitgetragen werden kann.

Die Kraft des Zuhörens schafft soziale Gestaltungskraft. So kann man das *Motto der Sozialethik* (Rudolf Steiner) wie eine sozialgesetzeshafte Beschreibung verstehen. Interessant ist hierbei vor allem der zweite Teil:

> „Heilsam ist nur, wenn
> Im Spiegel der Menschenseele
> Sich bildet die ganze Gemeinschaft
> Und in der Gemeinschaft
> Lebet der Einzelseele Kraft."

Die gemeinschaftsbildende Kraft der Einzelseele entsteht in erster Hinsicht durch das Wahrgenommenwerden, durch das Gehört-werden durch die anderen. Die Kraft des Hörens und Lauschens schließt spirituelle, das heißt noch nicht gewordene Seiten der Partnerinnen und Partner auf.

Eine zweite Ebene, in der die Qualität des Zuhörens und Lauschens ein enorm wichtiges Gestaltungsmittel ist, ist insbesondere in der Beziehung zu Kindern erlebbar. Ein Kind erzählt dem Erwachsenen etwas. Schon bevor das Kind anfängt zu sprechen, aber spätestens nach den ersten drei, vier Worten, weiß oftmals der Erwachsene, was das Kind ihm jetzt erzählen will. Wie schnell entsteht die Handlung, das Kind zu unterbrechen und auf das, was es sagen wollte, einzugehen! Die Qualität des Zuhörens nimmt Einfluss auf den Atemstrom des erzählenden Kindes. Häufige Missachtung des Kindes kann zu Störungen des Atemstromes führen und im Extremfall das Kind zum Stottern verleiten. Natürlich ist die Missachtung der Sprache des Gegenübers auch unter Erwachsenen eine Störung der aktuellen Beziehung.

Mit Blick auf die Suche nach der Sehnsucht und der Hilfestellung durch Zuhören und Lauschen sei aber besonders auf folgende Erfahrungen aufmerksam gemacht. Dass der Mensch sich konzentriert hinsetzt und versucht zu formulieren, was ihn aus der Zukunft „von vorne“ zieht, geschieht nie zufällig. Immer muss ein persönliches Willensmotiv dabei sein. Das bedeutet, der seine Sehnsucht suchende Mensch tritt in besonderer Weise in Erscheinung. Das bemerken oft die anderen Teilnehmer der Gesprächsgruppe und formulieren dies auch immer wieder. Ein Erfahrungsbeispiel möge dies verdeutlichen.

In einem schon viele Jahrzehnte existierenden Kindergarten erarbeiten die Kolleginnen sich einen Zugangsweg zu ihren Zukunftsmotiven. In einer Gruppe mit fünf Kolleginnen sind die „alten Hasen“ versammelt. Kolleginnen, die zum Teil bereits mehr als dreißig Jahre in diesem Kindergarten zusammenarbeiten. Plötzlich steht eine Kollegin auf und verlässt weinend den Raum. Auf die Frage, was denn passiert sei und ob sie sich verletzt fühle, antwortet die Kollegin, dass alles in Ordnung sei. Sie habe aber nach Jahrzehnten der kollegialen Zusammenarbeit in dieser Gesprächsarbeit zum ersten Mal das Gefühl, zu ahnen, wer ihre Kolleginnen eigentlich sind und das rühre sie zutiefst. Wenn auch nicht immer so deutlich, wird doch ganz oft im Rückblick auf diese Gesprächsarbeit beschrieben, dass die Teilnehmenden völlig neuen Seiten ihrer Kolleginnen und Kollegen begegnen. Insofern ist allein schon dieser Schritt der hier angelegten Prozedur immens beziehungsfördernd.

Noch intensiver kann die Begegnung werden, wenn die hörenden Teilnehmer der sprechenden Kollegin sagen, welche Sehnsucht sie herausgehört haben, was diese zwischen den Zeilen und ihren Worten möglicherweise eigentlich sagen wollte. Die Sprechende hat sich um konkrete Schilderungen bemüht, weil sie natürlich in „ihrer realen Geschichte" steckt. Die Lauschenden hören, zumindest können sie dies oftmals, von dieser Konkretheit losgelöst quasi das, was die Sprecherin so gar nicht formulieren kann. Nicht alles, was die Zuhörenden der Sprecherin vorschlagen, passt, und wird gegebenenfalls dann von ihr verworfen. Aber immer wieder kommt es zu dem deutlich wahrnehmbaren Aha-Erlebnis, was oft so kommentiert wird: „Ja, das ist es", oder noch deutlicher: „Du sprichst mir aus der Seele". Diese alte Redewendung „Du sprichst mir aus der Seele" beschreibt in wunderbarer Weise höchste soziale Beziehungsqualität, die eine Frucht des Lauschens und Zuhörens ist.

Die Sehnsucht ist letztlich das letzte Glied einer idealistischen „Kette". Oftmals ist auf den ersten Blick etwas als Sehnsucht identifiziert, das aber letztlich nur ein Werkzeug, ein Vehikel für die eigentliche Sehnsucht ist. Die Frage an den Sehnsucht suchenden Menschen, ob das, was sie oder er als Sehnsucht formuliert, wirklich das ist, wofür der Mensch vom Himmel auf die Erde gekommen ist, hilft oft sehr schnell, das zu Vordergründige mancher Erkenntnis zu identifizieren. Das Gespräch mit den Lauschenden schafft hier oft erstaunlich schnell brauchbare Resultate. Wichtig ist auch, dass derjenige, der seine Sehnsucht sucht, keine Entscheidung für alle Zeiten treffen muss. Es geht um die ehrliche Antwort jetzt.

Die gefundene Sehnsucht ist wie ein großartiges Exponat in einem Museum. Zum Beispiel ein Bild von Vincent van Gogh. Unter dem Aspekt des Lebendig-Künstlerischen ist das Bild ein Abfallprodukt. Der lebendige künstlerische Akt war, als der Meister das Bild gemalt hat. Dies lässt sich sehr schön erleben, wenn man mit Studenten oder Schülern in eine Gemäldeausstellung geht. Man geht, manchmal eilt man auch, von Bild zu Bild und ist nach kurzer Zeit ermüdet. Schüler streben dann schnell der Cafeteria im Museum entgegen, um sich zu erfrischen – ist doch alles so anstrengend. Ganz anders sieht die Sache aus, wenn es gelingt, in der Bildbetrachtung den Entstehungsprozess nachzuempfinden. Dann wird die Begegnung mit dem Kunstwerk regelrecht spannend; man ist quasi in die Situation des lebendig schaffenden Künstlers eingestiegen.

Diese Vorgehensweise ist vergleichbar mit dem Prozess der Sehnsucht-Suche. Das Ergebnis ist ein totes und abgestorbenes Objekt; nur der Prozess zu diesem Ergebnis hat erheblichen Wert für das Leben des Suchenden.

Mit der für den Moment gefundenen Sehnsucht ist der erste Teil der Suche abgeschlossen. Bildlich gesprochen sind die Kolleginnen und Kollegen „im Himmel angekommen“. Das für jeden Einzelnen Allerhöchste ist gefunden; das Allerhöchste ist gleichermaßen das Abstrakteste, was ja übersetzt heißt „das am meisten Losgelöste vom konkreten Lebensalltag“. Die Sehnsucht in diesem Sinne zeichnet sich ja gerade dadurch aus, dass sie noch nicht geworden ist oder zumindest immer wieder werden muss oder will; ganz anders als die Erfahrung, die durch und durch sinnlicher Natur ist. Die Sehnsucht gilt für den Menschen, nicht für die Rolle, die er hie und da einnimmt. Es geht also nicht um eine professionelle Qualität, sondern um das Ich des Menschen. Die Sehnsucht ist lebendiger Ausdruck des Ich, das werden will. Sie ist nicht in pädagogischen Zusammenhängen interessant, sondern im ganzen Leben des Menschen, zum Beispiel auch, wenn er unter unmenschlichsten Bedingungen in einem Lager einkaserniert ist. Große Zeitgenossen haben dies eindrucksvoll vorgelebt. Beispielhaft seien genannt Alexander Solschenizyn und Victor Frankl.

Vom Höchsten schrittweise zum Konkreten

Wir Zeitgenossen neigen zu einer Alltags-Schizophrenie. Wir sind oftmals regelrecht gespalten. Um es am Film-Klischeebild italienischer Mafiosi deutlich zu machen: Sonntags geht der Mann erst zur Kirche und huldigt hingebungsvoll dem Marienkult; anschließend ist er der brave unterwürfige Sohn von Mama, die das beste Essen der Welt für ihn zaubert. Die anderen Tage der Woche vergisst er alle diese sentimentalen Emotionen und ist der knallharte brutale Killer. Tendenziell stecken wir alle immer wieder in dieser Problematik. So geht der gläubige Unternehmer sonntags in die Kirche und lebt religiös christliche Gedanken der Nächstenliebe, um anschließend in seinem Beruf und Geschäft die Kunden zu übervorteilen. Allgemein gesprochen: Unsere ideell und spirituell ausgerichtete Seite unserer Seele lebt oftmals ein völlig anderes Leben als die pragmatisch ausgerichtete Seite. So ist oft erlebbar, dass in einem Kollegium regelmäßig zu Beginn einer Konferenz ein hohes Motiv der menschlichen Zusammenarbeit oder der Betrachtung eines Menschen wie ein Motto der Arbeit vorangestellt wird, die dann folgende Konferenz aber überhaupt keinen Bezug zu dieser Idee mehr besitzt.

Psychologisch ist dieser Zusammenhang von Idee und ihrer praktischen Umsetzung, dem Ideal, von immenser Bedeutung. Jede Idee, die wir geistig fassen, hat Wirkung auf uns im Sinne einer psychologischen Gesetzmäßigkeit. In seinem Buch *Wie erlangt man Erkenntnisse der höheren Welten?* fasst Rudolf Steiner das einleitende Kapitel mit dem Titel *Bedingungen* als Vorbereitung für einen spirituellen Entwicklungsweg diese hier angesprochene Gesetzmäßigkeit

Jede Idee, die dir nicht zum Ideal wird, ertötet in deiner Seele eine Kraft; jede Idee, die aber zum Ideal wird, erschafft in dir Lebenskräfte.
Rudolf Steiner

zusammen: „Jede Idee, die dir nicht zum Ideal wird, ertötet in deiner Seele eine Kraft; jede Idee, die aber zum Ideal wird, erschafft in dir Lebenskräfte." (Rudolf Steiner, *Wie erlangt man Erkenntnisse der höheren Welten?*)

Die Sehnsucht ist die höchste Idee für den jeweiligen Menschen. Sie ist völlig abgehoben. So ist es eben auch schwierig zu sagen, man lebe mal eben seine Sehnsucht. Sie ist in der Regel zu wenig greifbar. So muss jetzt ein Schritt erfolgen, der dieses Problem löst.

Die Suche nach der Sehnsucht ist letztlich kein intellektueller Entscheidungsschritt. Das ganze Lebensgefühl ist hierbei beteiligt. Jetzt ist der nüchterne Intellekt gefragt: „Was benötigt der Mensch, um seine Sehnsucht leben zu können?" oder „Was muss der Mensch entwickeln für die Verwirklichung seiner Sehnsucht?" Im Gegensatz zur Sehnsucht, die Ausdruck gefühlsbetonter Imagination sein darf, geht es nun um Ergebnisse, die Ausdruck klarer Operationen sein müssen.

Wieder ist es Johann Wolfgang von Goethe, der diesen Schritt in seinem Märchen als Bild deutlich ausdrückt. Die Gestalten des Märchens kommen an den im Felsen verborgenen Tempel mit den Königen, angeführt von dem „Alten", der quasi Moderator des Geschehens ist. Das große eherne Tor ist mit einem goldenen Schloss verriegelt. „Der Alte rief sogleich die Irrlichter herbei, die sich nicht lange aufmuntern ließen, sondern geschäftig mit ihren spitzesten Flammen Schloss und Riegel aufzehrten" (Goethe, *Märchen*)

In seinen Erklärungen und Deutungen von Goethes *Märchen* in dem Aufsatz *Goethes Geistesart in ihrer*

Offenbarung durch seinen Faust und durch sein Märchen von der Lilie und der Schlange schreibt Rudolf Steiner über die hier zur Rede stehenden Szene des Toraufschließens, es „[…] gewinnen auch diejenigen menschlichen Geisteskräfte, die vorher in irren oder einseitigen Bahnen liefen, ihre im Gesamtgemüt neue, einem erhöhten Bewusstseinszustand angemessene Bedeutung. Die von der Sinneswelt sich loslösende, in Aberglauben oder tumultuarisches Denken verirrte Weisheit der Irrlichter zum Beispiel dient dazu, das Tor aufzuschließen jenes Schlosses, das den Seelenzustand verbildlicht, in dem Wollen, Fühlen und Erkennen noch durch ihre chaotische Mischung den Menschen in einem unfreien, vom Übersinnlichen getrennten Innenleben erhalten.“ (Steiner, *Goethes Geistesart*)

Unser ganzes Kunststück besteht darin, dass wir unsere Existenz aufgeben, um zu existieren.
Johann Wolfgang von Goethe

Zuvor schreibt Steiner zur Wesensart der Irrlichter: „Der Mensch trägt in sich eine Seelenanlage […], durch die er sich aneignet, was Leben und Wissenschaft an Weisheit verleihen. Aber diese Seelenanlage strebt nicht darnach, die Weisheit ganz mit dem Leben der Seele zu vereinigen; sie bleibt als einseitiges Wissen, als Mittel, dieses oder jenes zu behaupten oder zu kritisieren, bestehen; sie dient dazu, die Person glänzen zu lassen, oder diese Person im Leben in einseitiger Weise zur Geltung zu bringen. Sie strebt auch nicht darnach, sich durch die Verbindung mit dem, was die äußere Erfahrung bietet, in Ausgleich zu bringen. [...] Sie ist weit entfernt davon, den Goetheschen Lebensgrundsatz sich zu eigen zu machen: Man muss seine Existenz aufgeben, um zu existieren." (Steiner, *Goethes Geistesart*)

Auf den Punkt gebracht beschreibt Rudolf Steiner die Goethe'schen Irrlichter als den Intellektualismus. Aber auch diese einseitige Seelenart hat ihre berechtigte Aufgabe auf dem Weg der freien Verbindung der sinnlichen und geistigen Welt und der Suche nach dem Tempel mit den Königen.

Ähnlich verhält es sich mit der Gestaltung des Lebens aus der Sehnsucht heraus. Ein scharfer Intellekt ist vonnöten, die Schritte „vom Himmel" (Sehnsucht) „zur Erde" (konkrete Handlungen) zu operationalisieren. Für den Prozess heißt dies, dass in der Gesprächsgruppe nun alle Teilnehmerinnen und Teilnehmer zu den jeweiligen Sehnsüchten der Gruppenmitglieder die Zwischenschritte sammeln. Bildlich gesprochen kommen wir damit der „Erde", dem konkreten Erziehungsgeschehen in Kindergarten, Schule oder auch in der Familie erheblich näher.

Nehmen wir ein Beispiel. Eine Kollegin oder ein Kollege kommt zu dem Ergebnis, dass ihre beziehungsweise seine Sehnsucht am besten mit dem Begriff „Wahrheit" sprachlich zu benennen ist. Im nächsten Schritt sucht dieser Mensch nun die „Operationsansätze", um seine Sehnsucht praktisch zu leben. Unter anderem kommt er zu folgenden Aufgabenstellungen: Ihre beziehungsweise seine Sehnsucht „Wahrheit" zu leben, heißt

- mutig sein,
- Unwahrhaftigkeiten nicht stehen zu lassen,
- keine Kompromisse mit der Unwahrhaftigkeit aus utilitaristischer Erwägung heraus zu schließen,
- sich selbst gegenüber kritisch zu sein,
- gegebenenfalls zeitnah Recherchen anzustellen, wenn in der Sache Verunsicherung da ist,
- möglichst unbefangen den Ereignissen zu begegnen, um nicht schon vorab zu wissen, was richtig und falsch und damit auch wahr oder eben auch nicht wahr ist.

Selbstverständlich ist die Liste der einzelnen Bedingungen für Wahrheit und Schritte zur Wahrheit viel länger und größer, aber als Beispiel mögen die genannten genügen.

Nun gilt es, die ideelle, geistige Arbeit, die eigene Sehnsucht zu finden und handhabbar zu machen, dann die intellektuelle Aufgabenstellung, konkrete Operationen zu bestimmen, die der Verwirklichung der Sehnsucht entsprechen, in die Tat zu bringen.

Diese Aufgabe ist keine dauerhafte, sondern eine gezielt punktuelle, die exemplarischen Charakter hat, durch deren einzelne Qualität das Ganze erreicht werden kann. Um es an einem Beispiel deutlich zu machen: Wenn der Mensch morgens aufwacht und eine kleine Meditationsaufgabe wahrnimmt, benötigt er hierfür vielleicht 30 bis 60 Sekunden. Wie das Wort es schon verrät, bedeutet aufwachen, zwischen Schlaf und Wachzustand zu sein. In der Regel gibt es einen Übergang, in dem wir noch nicht oder erst anfänglich von den Sinneseindrücken affiziert werden. In diesen Moment schiebe ich nun einen selbstgewählten Inhalt, etwa einzelne Zeilen aus meinem Lieblingsgedicht. Nach einiger Zeit bemerkt der so Handelnde, dass dieser Akt der Freiheit, ausschließlich weil er es will, eine Grundstimmung für den ganzen Tag bewirkt.

Den ganzen Vormittag zu meditieren, ist sehr kontraproduktiv. Der so Handelnde ist nicht in der Lage, das Bett zu verlassen, zu duschen, sich anzuziehen, das Frühstück zuzubereiten und sich dann zielstrebig seinem Arbeitsplatz zu nähern. Eine halbe Minute Meditation im Aufwachen lässt den Menschen praktischer, besser in seinen Aktionen werden.

Wir können dieses Prinzip mit Martin Wagenschein das exemplarische Prinzip (Wagenschein 1964) nennen. Es ist die Lebensart des Organischen. Ein geschulter Biologe erkennt an einem einzigen Blatt den ganzen Baum oder Strauch. Es gibt Ärzte, die dem Patienten in die Augen schauen und die ganze Krankengeschichte erkennen. Im Einzelnen liegt das Ganze. Das Einzelne ist Pars pro Toto. In dem Einzelnen liegt das Wesentliche, der Kern. Im einzelnen Blatt verrät der Baum sein Wesen.

In diesem Sinn gilt es nun, die Sehnsucht beziehungsweise die Qualitäten, derer die Sehnsuchtsgestaltung bedarf, ins konkrete Leben zu integrieren. Letztlich ist es egal, welchen Ausschnitt meines Lebensablaufes ich aussuche. Ich bin meine Sehnsucht und sie gehört immer zu mir. Im beruflichen Vollzug meines Lebens mögen manche Situationen als Einstieg günstiger als andere sein.

Der Deutlichkeit halber sei noch einmal der Zusammenhang kurz resümiert:

Ich bin ganz Ich, wenn ich aus dem Zukunftsmotiv Sehnsucht mein Leben gestalte. Kleine Kinder leben immer aus dieser Quelle und erwarten heute mehr denn je, dass wir Erwachsenen uns um diese Lebensgestaltung bemühen. Meine Sehnsucht finde ich als die Qualität, die mich aus der Zukunft zieht, letztlich als das Motiv, für das ich in diesem Leben angetreten bin. Ich kann dieses letzte Ziel meiner menschlichen Selbstbeauftragung in Operationen bringen, die mir ermöglichen, in kleinen Schritten im Sinne dieser Sehnsucht meine alltäglichen Lebensaufgaben und Lebensschritte vorzunehmen. Bemerkt werden solche Schritte auf jeden Fall und am meisten von den kleinen Kindern, weil sie ihr Dasein aus dieser Quelle der Sehnsucht bestreiten. Auf diese Sehnsuchtsforschung und -pflege der Erwachsenen warten die Kinder, weil sie vor allem durch diese Qualität sich nachahmend bilden. Rudolf Steiner nennt die Begriffe „Vorbild“ und „Nachahmung“ die Zauberworte der Erziehung und Bildung kleiner Kinder. Der Begriff „Vorbild“ erhält durch diese Betrachtung eine ganz andere Nuance des Verständnisses, als er so oft erfährt, wenn er moralisierend auf die Tendenz der Perfektionierung hin abzielt. Vorbild heißt schlicht: Der Mensch bildet sein Leben vor, zum Beispiel vor den Kindern. Die Kinder erleben, wie der Erwachsene sich lebt, und im positiven Fall sich bildet als Mensch aus seinen eigenen Zukunftsmotiven. Auf ihre Art tun es die Kinder dann auch. Ihre Aufgabe ist es, in den ersten Lebensjahren nicht im seelischen Bewusstsein ihr Ich zu verankern, sondern im physischen Leib. Die ersten Lebensjahre sind die Jahre der Individualisierung der vererbten physischen Substanz. Dafür brauchen die Kinder unsere ins Leben getragenen Ich-Kräfte, die mittels der verbindlichen Suche nach unseren Zukunftsmotiven, Sehnsüchten, in die für sie wahrnehmbare Realität treten.

Zurück zu unserem Beispiel: Es geht um Wahrheit als die von einer Kollegin erlebte und erfasste Sehnsucht ihres Lebens. Im Sinne des Exemplarischen Prinzips geht es nun darum, mit vollem Bewusstsein und völliger Klarheit einen überschaubaren Zeitraum zu bestimmen, in dem die Kollegin konsequent ihre Sehnsucht lebt. Die Kollegin wählt die Morgenphase des Kindergartentages aus, wenn die Kinder in den Kindergarten gebracht werden und von ihr in der Garderobe in Empfang genommen werden, ein Zeitraum von 30 bis 40 Minuten.

Eine Mutter bringt ihre vierjährige Tochter. Sie und die Erzieherin sind gut bekannt, „leicht" befreundet. Die Mutter öffnet ihren Mantel und zeigt ihr Kleid: „Habe ich gestern sehr günstig im Second-Hand-Shop erstanden. Wunderschön? Nicht wahr?"

Üblicherweise würde die Kollegin ausweichend antworten, wenn ihr das Kleid nicht gefällt. Vielleicht so: „Ja, es ist ganz schön." Die Mutter wäre zufrieden und die Situation damit „gemeistert" und abgeschlossen. Aber heute ist der klare Auftrag der Kollegin, vollbewusst und kompromisslos die Wahrheit zu sagen und zu leben. Die Antwort sieht so aus: „Ja, das Kleid ist wirklich schön. Aber, um ganz ehrlich zu sein, dir steht es überhaupt nicht."

Üblicherweise wäre die Mutter beleidigt und würde entsprechend schnell den Kindergarten verlassen. Heute lässt sie das Urteil der Kollegin relativ gelassen stehen, spricht noch mit ihr über ein paar andere Aspekte, zum Beispiel wann sie ihre Tochter aus dem Kindergarten wieder abholt, verabschiedet sich freundlich und freundschaftlich und geht.

Die innere Kraft der Kollegin, vollbewusst aus der Quelle der eigenen Sehnsucht zu agieren, wird selbstverständlich wahrgenommen und ihre Aktion ganz anders aufgenommen, als wenn sie in ihrer letztlich bürgerlichen Unverbindlichkeit dem Problem der Situation aus dem Wege geht.

Am meisten aber „jubelt innerlich" das Kind. Es hat genau das erlebt, was allen Kindern in den ersten Lebensjahren ein tiefes Bedürfnis ist, nämlich, dass der Erzieher diese Sehnsucht-Seite seines Ich zeigt.

Neben der Verbindlichkeit, für die Wahrheit einzustehen, nehmen Mutter und Kind an der Erzieherin noch etwas wahr, wahrscheinlich sehr unterschwellig, aber enorm wirksam. Die Erzieherin dokumentiert in unmissverständlicher Weise ihre Freiheit. Ihre Handlung ist ausschließlich bestimmt von ihrer eigenen Entscheidung und ihrem Willen. Sie hat das Motiv in Gänze selbst geschaffen. Keine sie überkommende Emotion, keine allgemeine Moralgepflogenheit lassen sie so, wie sie es getan hat, in die Begegnung eintreten, nur die ihrer eigenen Intuition entstammende Handlung bestimmt die Qualität der Begegnung.

Bewusst seine Sehnsucht zum Motiv seiner Lebensschritte und Handlungen zu machen, ist Ausdruck des freien Menschen. Er lebt sich (das heißt sein Ich) in völliger Freiheit und gleichzeitig dies in größter Verbindlichkeit den Menschen gegenüber, mit denen er in Beziehung und Kontakt steht. Die Pädagogik, wie sie hier vertreten wird, ist strengstens bemüht, eine Erziehung *zur* Freiheit anzustreben. Der entscheidende Schlüssel für dieses hohe Unterfangen ist, dass dies nur gelingen kann, wenn sie auch eine Erziehung *aus* Freiheit ist. Und damit ist natürlich der Erwachsene angesprochen.

Mit dem Kernmotiv aus seiner *Philosophie der Freiheit* beschreibt Rudolf Steiner prägnant diese Seite der Begegnung: „*Leben* in der Liebe zum Handeln und *Lebenlassen* im Verständnisse des fremden Wollens ist die Grundmaxime der freien Menschen.“ (Rudolf Steiner, *Philosophie der Freiheit*) Auf der pädagogischen Ebene bedeutet dies, der Pädagoge möge sich in seinen Intentionen gegenüber dem Kind auslöschen, absichtslos werden, denn jegliche Erziehung kann nur Selbsterziehung sein. Gute Pädagogen gestalten eine solche Umgebung so, dass das Kind sich selbst erziehen kann. (vgl. Rudolf Steiner, *Die pädagogische Praxis*)

Leben in der Liebe zum Handeln und Lebenlassen im Verständnisse des fremden Wollens ist die Grundmaxime der freien Menschen
Rudolf Steiner

7. DIE GEMEINSCHAFTS-BILDENDE SEITE

Das, was den Menschen aus der Zukunft zieht, ist seine Sehnsucht, ist sein Traum, ist das Ideelle, was noch nicht geworden ist, was immer erst werden will. Es ist dasjenige, was ihn aus dem Geiste heraus leitet, im engeren Sinne des Wortes ein „Leitbild“.

Nun ist der Blick auf das Leitbild heute eine gängige Fragestellung, um die Identität eines zusammen arbeitenden Kreises von Menschen zu finden und zu bestimmen. So verlangen beispielsweise zuschussgebende Institutionen die Beschreibung eines Leitbildes für sozialpädagogische Unternehmungen.

Zwei gängige Methoden bei dieser Aufgabenstellung seien karikaturhaft kurz skizziert: So geschieht es öfter im Kontext sozialpädagogischer Einrichtungen, zum Beispiel Kindergärten, dass ein Kollegium in Absprache mit den verantwortlichen Menschen des Trägers, häufig mit dem Vorstand, eine Kollegin benennt, die nun die Aufgabe hat, im Internet Beispiele von Leitbildformulierungen anderer vergleichbarer Einrichtungen zu finden und zu einem neuen Bild zusammenzustellen, das dem Wesen der eigenen Einrichtung eher entspricht als eines der vorgegebenen Bilder. Dieses Ergebnis wird nun allen Kolleginnen und Kollegen übersandt mit dem Auftrag, es sich anzuschauen und gegebenenfalls zu korrigieren oder zu ergänzen. Die Erfahrung zeigt, dass die Hälfte der Kolleginnen und

Kollegen diese Ausarbeitung überhaupt nicht liest, die anderen sagen der fleißigen Kollegin ihren Dank und stimmen dem Text zu. So gilt er als verabschiedet, wird ästhetisch schön am PC gestaltet und ausgedruckt. Dann verschwindet er in einer Schublade mit wichtigen Dokumenten und wird nie wieder hervorgeholt, bis irgendwann einmal die Frage aufkommt, ob die Einrichtung ein von allen gebilligtes Leitbild besitzt.

Die zweite Variante geht so vor, dass die Kollegen und Kolleginnen einer Waldorf-Einrichtung sich die Frage stellen, welches Leitbild Rudolf Steiner wohl „seinem" Waldorfkindergarten zugesprochen hat. Besonders die Kenner des Buch- und Vortragswerkes Rudolf Steiners stellen recht schnell eine Sammlung von Zitaten und Formulierungen zusammen, die den Charakter normativer Setzungen haben. Viele der Formulierungen klingen gut und vertraut, kennt man sie doch aus vielen Vorträgen und Konferenzen; aber eine reale Vorstellung dessen, was mit den Kernformulierungen aus dem Werk Rudolf Steiners gemeint ist, liegt oft nicht vor. Beispiele für solche Formulierungen sind: *Das Kind ist ganz Sinnesorgan. – Das Kind betreibt unentwegt leibliche Religiosität. – Die Zauberworte der Erziehung kleiner Kinder sind „Vorbild" und „Nachahmung".* Nicht dass ein solcher Ansatz nicht Wesentliches anspricht, aber er muss so aufgearbeitet werden, dass daraus nachvollziehbare Leitlinien werden, die konkrete Operationen anregen können.

Beide Varianten haben eines gemeinsam, nämlich die Tatsache, dass die betroffenen Mitarbeiterinnen und Mitarbeiter nicht diejenigen sind, die direkt verantwortlich sind für das Leitbild ihrer Einrichtung. Das, was mich in meiner Arbeit leiten soll, muss doch im Kern meinen Impulsen entspringen, sonst bin ich fremdbestimmt. Insofern müssen jeder Kollege und jede Kollegin an dem Prozess beteiligt sein. Abgesehen von diesem Argument führt ein gemeinsamer Prozess zur Findung des gemeinsamen Leitbilds zu einer besonderen Begegnungsform untereinander, ist doch das Erlebnis des anderen auf der Suche nach dem, was ihn leitet, eine intime kollegiale Situation, die so im Alltag sonst nicht entsteht.

Wir haben im ersten Teil dargelegt, dass die Sehnsucht eines Menschen letztlich das Leitbild für den Menschen bedeutet. Das, was ihn aus der Zukunft zieht, ist sein innerstes Motiv für alle seine Lebensvorgänge. Nun gilt es, ein solches Leitbild, das für alle Kolleginnen und Kollegen gilt, zu finden.

Der erste Schritt entspricht der Suche nach der eigenen Sehnsucht. In kleinen Gruppierungen kommen alle Kolleginnen und Kollegen in den oben beschriebenen Prozess. Am Ende hat das Kollegium eine größere Anzahl von Sehnsüchten und leitenden Ideen gefunden. Nun muss hieraus eine für alle verbindliche Idee gefunden werden. Zunächst werden in einem gemeinsamen kritischen Gespräch die Ergebnisse gestrichen, die im Sinne des Kollegiums nicht als Sehnsucht, sondern mehr als ein Schritt auf dem Weg zur Sehnsucht betrachtet werden. Selbstverständlich sind sämtliche verbleibenden Nuancen für alle wertvoll und akzeptabel, da es Visionen sind, die dem Lichte des Geistes entsprungen sind. Und trotzdem gibt es eine größere und weniger große Sympathie für das eine oder andere Ergebnis. Im Sinne des Prinzips der negativen Selektion werden nun die Visionen, die von Einzelnen nicht aktiv gewollt sind, gestrichen. Der Kreis der verbleibenden Ideen ist in der Regel immer noch zu groß, um daraus ein griffiges Leitbild für die Gemeinschaft zu formulieren. Eine Möglichkeit ist nun die, dass jeder Kollege die drei Visionen notiert, die für ihn am ansprechendsten sind. So ergibt sich schrittweise ein von allen getragenes Bild für die letztliche Formulierung des gemeinsamen Leitbilds. Ein Beispiel möge diesen Schritt verdeutlichen.

Die Ideale, die für das Kollegium die tragenden sein sollen, sind:

- Achtung jeder Individualität gegenüber,
- stets der Wahrheit verbunden bleiben,
- die eigene Freiheit suchen und die der anderen achten.

Die Kolleginnen und Kollegen entscheiden sich schließlich für folgende Ausformulierung ihres Leitbildes:

„Wir, die Kolleginnen und Kollegen des Kindergartens … versprechen, dass wir jedes Kind unserer Einrichtung, aber auch jedes dazugehörige Elternteil und selbstverständlich alle Kolleginnen und Kollegen als einmalige Individualitäten achten. Sollte es zu schwierigen zwischenmenschlichen Situationen kommen – mit Kindern oder Erwachsenen –, werden wir diese als

Aufgaben betrachten und nicht als Probleme. Wir wollen in jeder Hinsicht offen für alle Sichtweisen sein, diese verstehen wollen, und wir wollen nicht taktieren. Wir wollen stets den Mut aufbringen, der Wahrheit den nötigen sichtbaren Raum zu bieten. Unser Tun soll bestimmt sein von Motiven, für die wir geradestehen. So sind auch die Handlungen anderer für uns Ausdruck derer Motive, die wir zu verstehen versuchen und dementsprechend achten wollen."

Dieses Leitbild steht imaginativ über der Haustür dieses Kindergartens. In diesem Sinne hier leben und arbeiten zu wollen, ist fester Wille der hier verantwortlichen Menschen. Wenn sie erleben, dass an der einen oder anderen Stelle dieses Leitmotiv verletzt wird, hat jeder die Aufgabe, an der fraglichen Stelle korrigierend einzugreifen und die entsprechende Kollegin oder den entsprechenden Kollegen anzusprechen. Weil dieses Leitbild im Kern Ausdruck der bewussten Sehnsucht aller Mitarbeiter ist, darf optimistisch formuliert werden, dass es eine hohe Wahrscheinlichkeit gibt, dass hier nicht „nur schöne" Gedanken geäußert werden, die mit dem Leben nichts zu tun haben. Der Grad der Verbindlichkeit ist recht hoch.

Nächste Schritte sind nun, Konzeptmerkmale für die unterschiedlichen Beziehungsfelder, in denen die verantwortlichen Kolleginnen und Kollegen stehen, zu erfassen.

Die Hauptbeziehungsfelder sind:

- Beziehung der Kolleginnen zu den Kindern

- Beziehung der Kolleginnen zu den Eltern
- Beziehung der Kolleginnen untereinander
- Beziehung der Kolleginnen zu den Vertretern des Trägers
- Beziehung der Kolleginnen zu den die Kinder aufnehmenden Schulen
- Beziehung der Kolleginnen zur allgemeinen Öffentlichkeit

Für alle diese Gestaltungsfelder gilt es im Sinne des Leitbilds Konzeptionsaspekte zu formulieren. Für alle diese Formulierungen gilt der Grundsatz, dass sie den Zukunftsvisionen, den Sehnsüchten aller Mitarbeiterinnen und Mitarbeiter entsprechen, somit Ausdruck des tiefen willentlichen Anliegens der Beteiligten sind und nicht als von außen auferlegte moralische Verhaltens- und Handlungsaufforderungen vorschreibend wirken.

Eine Menschengemeinschaft, die auf diese Weise in die Zusammenarbeit tritt, erschließt sich in mehrfacher Hinsicht Chancen, mehr als die additive Summe der einzelnen Mitglieder zu sein. Zum einen verbinden sich die betroffenen Menschen in völliger Freiheit und gleichzeitig in einem gemeinsamen Geist. Das Verbindende ist die gemeinsame Zukunft. Dies ist die Signatur eines modernen und zeitgemäßen Ordens. Nicht die Philosophie oder die theologische Setzung eines Ordensgründers lässt Menschen zusammenkommen, die nun Gutes für die Welt äußerlich, aber auch spirituell innerlich bewirken wollen. Jeder Einzelne ist in dieser modernen Gemeinschaft Mitgründer des gemeinschaftlich Verbindlichen. Ja, diese Qualität von Gemeinschaft kann nur entstehen, wenn jeder Einzelne existenziell beteiligt ist.

Im modernen Sinne kann die Realität geistiger Wesen quasi die innere Schirmherrschaft, die geistige Identität einer solchen Gemeinschaft tragen und übernehmen. Diese geistige Realität ist eine eigene Qualität, nicht die organisierte Addition einzelner Individuen. In traditionell christlicher Terminologie sprechen wir von der Hierarchie der Erzengelwesen. Dafür muss die Menschengemeinschaft aber aus ihren jeweiligen Zukunftsperspektiven, aus ihren jeweiligen Schicksalsperspektiven in die verbindliche Gestaltung eintreten. Nicht eine möglichst effektive Organisation schafft hier die Qualität der Zusammenarbeit, sondern die Begegnung aus der eigenen schicksalhaften Existenz heraus, die immer in den willenshaften Gründen der eigenen Sehnsucht beheimatet ist.

Dass diese Qualität der Gemeinschaftsbildung real da ist, beweist zum Beispiel die Tatsache, dass auch dann, wenn sich in einer wie hier beschriebenen gegründeten Gemeinschaft größere Veränderungen der Mitarbeiterschaft ergeben, die errungenen Qualitäten halten und eine weitere Zeit wirken.

8. EPILOG

Hintergrund der Abhandlung in diesem Buch ist das Erlebnis von Kindern, wie sie heute in Erscheinung treten. Der Versuch, sie zu verstehen, führte zu der Kernaussage, so wie sie im Titel formuliert ist: Erziehung ist Begegnung. Eine wirkliche Begegnung kann nur zwischen individuellen Wesen, zwischen Menschen von Ich zu Ich stattfinden, nicht aufgrund von Rollendefinitionen. Das heißt, es muss immer etwas von der noch nicht gewordenen und definierten Seite der betreffenden Menschen mitschwingen. Das gilt für alle Menschen, Kinder und Erwachsene. Wenn der Erwachsene diese Seite seines Daseins nicht zulässt und nicht mit ihr, sondern mit der bürgerlich definierten in die Begegnung tritt, protestieren die Kinder auf ihre Weise, sodass sie schnell den Stempel erhalten, schlecht erzogen oder schwierig zu sein.

Aber gleichzeitig zeigen Kinder eine andere entsprechende Qualität. Ein Beispiel möge diese aufzeigen: Es ist ein warmer Sommertag. Ein von seinem Berufsalltag stark gestresster Manager fährt mit seinem Auto missmutig auf eine rote Ampel zu. Die Fenster sind geöffnet. Auf die Nebenspur fährt ein Fahrer, der ebenso mit offenen Fenstern hält. Hinten in dessen Auto, fast auf derselben Höhe wie der andere Fahrer, sitzt ein Kind, vielleicht sechs Jahre alt. Der Junge sagt durchs offene Fenster zu dem Fahrer im Nachbarauto:

„Du hast aber ein tolles Auto. Das kann bestimmt ganz schnell fahren." Der Mann antwortet, dass sein Wagen 240 Kilometer pro Stunde fahren kann, dass er aber immer aufpassen muss und deswegen so schnell nicht fährt. Das Kind erwidert, dass er doch bestimmt auch Kinder habe und deren Mama ihn immer darauf aufmerksam macht, nicht so schnell zu fahren vor allem wegen der Kinder. Der Mann bestätigt diese Annahme und fragt noch nach der Familiensituation des Kindes. Wie viele Geschwister das Kind habe … Die Ampel wird grün. Noch ein herzliches „Tschüss" von beiden Gesprächspartnern und sie verlieren sich aus den Augen. Vielleicht eine Begegnung von 30 bis 40 Sekunden. Inhaltlich völlig belanglos. Aber der Autofahrer wird in einer Seite seiner Seele getroffen, die eine viel größere Wirkung zeigt als ein thematisch interessanter Gedanke, den ihm ein Mensch beiläufig zukommen lässt. Wie befreit fährt er weiter und hat für diesen Moment all seinen Missmut vergessen.

Interessant, fast erschütternd ist die heute häufig beobachtete Tatsache, dass die Präsenz von kleinsten Kindern immer weniger die Seelen der Erwachsenen nachhaltig erreicht. Wenn heute die Kinder viel früher als noch vor wenigen Jahren ihr Gegenüber mit ihrem Blick fixieren, sind es immer mehr erwachsene Menschen, die diesem Blick der Kinder nicht standhalten können. Eine häufig genannte Erklärung für dieses Phänomen ist die, dass der Erwachsene sich völlig durchschaut fühlt. Kinder erzeugen ungeheure Wirkung einfach durch ihr Dasein. Sie sind Meister der Begegnung.

Selbstverständlich richtig ist die Aussage, dass Kinder für ihre gesunde Entwicklung Erwachsene als erziehende Bezugspersonen brauchen. Für diese Aufgabe der Erziehung müssen sich Erwachsene vorbereiten und qualifizieren. Aber heute ist die Umkehrung dieser selbstredenden Aussage gleichermaßen existenziell notwendig. Das, was heute Meisterung des Lebens ist – aus der Zukunft sein Dasein zu verstehen zu lernen –, das zeigen uns als die Meister die Kinder. Sie zeigen uns die Perspektiven, die zu einem erfüllten Dasein führen können, wenn wir auf die Botschaft der Kinder hören. Insofern ist der menschlich richtige Umgang mit Kindern der Schlüssel zu einer menschenwürdigen Welt. Nelson Mandela beschreibt dieses Motiv weisheitsvoll und nachdrücklich: „Eine Gesellschaft offenbart sich nirgendwo deutlicher als in der Art und Weise, wie sie mit ihren Kindern umgeht. Unser Erfolg muss an Glück und Wohlergehen unserer Kinder gemessen werden, die in einer jeden Gesellschaft zugleich die verwundbarsten Bürger und deren größter Reichtum sind."

Ja, ich sage euch, wenn ihr nicht innerlich umkehrt und das Wesen des Kindes in euch belebt, werdet ihr den Zugang zum Reich der Himmel nicht finden.

Matthäus 18.3 in der Übersetzung von Emil Bock

Hinweis zu den Bildern

Bernhard Eyb, 1888 in Pola (heutiges Kroatien) geboren, gestorben 1978 in Wien, wo er 70 Jahre gelebt hat. Er war Schüler der Meisterklasse der Wiener Kunstakademie. Durch einen Schulfreund wird er auf Rudolf Steiner und die Anthroposophie aufmerksam. Beim Besuch des ersten Goetheanum in Dornach lernt er Rudolf Steiner kennen, als dieser gerade die kleine Kuppel im Goetheanum ausmalt. Sofort ist ihm klar, was sein Impuls als Maler ist. Später hat er einige Beratungsgespräche mit Rudolf Steiner, er erhält Korrekturen und Anregungen.

Als 16-Jähriger lernte der Autor Wolfgang Saßmannshausen den 80-jährigen Bernhard Eyb kennen, als dieser auf einer Vortragsreise im Ruhrgebiet ist. Viele Begegnungen während seiner Reisen und auch in Wien bei Eyb und seiner Frau Pina folgen. Sechs Wochen vor seinem Tod (7.6.1978) fragt Bernhard Eyb den nun 25-jährigen Wolfgang Saßmannshausen, ob er sich um seinen Nachlass kümmern könne und die eigens als Nachlass-Ausstellung zusammengestellte Bildersammlung hüten und verwalten wolle. Die Bilder sollen nach Eybs Tod 30 Jahre „ruhen", bevor sie einer interessierten Öffentlichkeit zugänglich gemacht werden. Seit 2008 hat es viele Ausstellungen gegeben – in Basel, Wien, Berlin, Opatja (Kroatien), Prag und einigen Orten in Deutschlang. Die Resonanz war jedes Mal gewaltig. Die besondere Verbindung mit Bernhard Eyb begleitet das Schaffen des Autors.

Quellen- und Literaturverzeichnis

Domin, Hilde: Nur eine Rose als Stütze. Fischer Verlag, Frankfurt 1995.

Goethe, Johann Wolfgang: Das Märchen. In: Werke, Bd. 1, München: Artemis und Winkler 1992.

Nitschke, Alfred: Das verwaiste Kind der Natur. Berlin, Boston: De Gruyter 1964, Reprint 2010.

Sachs, Nelly: Hinter den Lippen, aus: Nelly Sachs, Werke. Kommentierte Ausgabe in vier Bänden. Herausgegeben von Aris Fioretos, Band 2: Gedichte 1951–1970. Herausgegeben von Ariane Huml und Matthias Weichelt. © Suhrkamp Verlag Berlin 2010.

Schiller, Friedrich: Über die ästhetische Erziehung des Menschen in einer Reihe von Briefen, [1879]. Stuttgart, Verlag Freies Geistesleben, 3. erw. Auflage 2004.

Steiner, Rudolf: Wie erlangt man Erkenntnisse der höheren Welten?, [1904/05], Rudolf Steiner Verlag Dornach/Schweiz 1995. (GA 10)

Steiner, Rudolf: Goethes Geistesart in ihrer Offenbarung durch seinen Faust und durch das Märchen von der Lilie und der Schlange, [1918]. Rudolf Steiner Verlag Dornach 1989. (GA 22)

Steiner, Rudolf: Philosophie der Freiheit. Grundzüge einer modernen Weltanschauung. Seelische Beobachtungsresultate nach naturwissenschaftlicher Methode, [1894]. Rudolf Steiner Verlag Dornach 1996. (GA 28)

Steiner, Rudolf: Goethes geheime Offenbarung I. Das Märchen von der grünen Schlange und der schönen Lilie, Vortrag vom 16.02.1905, in: ders.: Ursprung und Ziele des Menschen (GA 53)

Steiner, Rudolf: Motto der Sozialethik, 5. November 1920, in: ders.: Rudolf Steiner / Edith Maryon – Briefwechsel – Briefe – Sprüche – Skizzen 1912 – 1924. (GA 263a)

Steiner, Rudolf: Die Erziehung des kleinen Kindes und die Grundstimmung des Erziehers (Vortrag, 19. August 1922), in: ders.: Die geistig-seelischen Grundkräfte der Erziehungskunst. Spirituelle Werte in Erziehung und sozialem Leben. Zwölf Vorträge, gehalten in Oxford vom 16. bis 29. August 1922. Rudolf Steiner Verlag Dornach/Schweiz. (GA 305)

Steiner, Rudolf: Die pädagogische Praxis vom Gesichtspunkte geisteswissenschaftlicher Menschenerkenntnis. Die Erziehung des Kindes und jüngeren Menschen. Acht Vorträge Dornach, 15. bis 22. April 1923. Rudolf Steiner Verlag Dornach/Schweiz. (GA 306)

Wagenschein, Martin: Das exemplarische Lehren als ein Weg zur Erneuerung des Unterrichts an den Gymnasien (mit besonderer Beachtung der Physik): [Erw. Fassung e. Vortrages.] Hamburg 1964.

Zimmermann, Heinz: Sprechen, zuhören, verstehen in Entscheidungsprozessen. Verlag Freies Geistesleben, Stuttgart 1991.

INFO3 VERLAG

Info3 Verlag
Kirchgartenstr. 1, 60439 Frankfurt
Tel. 069-58 46 47, Fax 069-58 46 16
vetrieb@info3.de
www.info3.de

Weitere Bücher des Info3 Verlages im Shop unter
www.info3.de

Vereinigung der Waldorfkindergärten

Vereinigung der Waldorfkindergärten e.V.
Bundesgeschäftsstelle:
Landauer Straße 66
67434 Neustadt/Weinstraße
Tel. 06321-959686
info@waldorfkindergarten.de
www.waldorfkindergarten.de

Weitere Bücher der Vereinigung der
Waldorfkindergärten im Shop unter:
www.waldorfkindergarten.de/ueber-uns/buecherstube/